O homem de mil faces

Sonia Kronlund

O homem de mil faces

A **história real** do brasileiro que **enganou** dezenas de **mulheres** pelo mundo

TRADUÇÃO
Julia da Rosa Simões

Copyright © 2024 Éditions Grasset & Fasquelle
Copyright desta edição © 2024 Editora Vestígio

Título original: *L'Homme aux mille visages*

Todos os direitos reservados pela Editora Vestígio. Nenhuma parte desta publicação poderá ser reproduzida, seja por meios mecânicos, eletrônicos, seja via cópia xerográfica, sem a autorização prévia da Editora.

DIREÇÃO EDITORIAL
Arnaud Vin

REVISÃO
Elisa Nazarian

EDITOR RESPONSÁVEL
Eduardo Soares

CAPA
Diogo Droschi

PREPARAÇÃO DE TEXTO
Sonia Junqueira

DIAGRAMAÇÃO
Guilherme Fagundes

**Dados Internacionais de Catalogação na Publicação (CIP)
Câmara Brasileira do Livro, SP, Brasil**

Kronlund, Sonia
   O homem de mil faces : a história real do brasileiro que enganou dezenas de mulheres pelo mundo / Sonia Kronlund ; tradução Julia da Rosa Simões. -- 1. ed. -- São Paulo : Vestígio, 2024.

   Título original: L'Homme aux mille visages.
   ISBN 978-65-6002-044-3

   1. Fraudes 2. Literatura francesa 3. Manipulação emocional 4. Não-ficção I. Título.

24-215860   CDD-840

Índices para catálogo sistemático:
1. Literatura francesa 840

Tábata Alves da Silva - Bibliotecária - CRB-8/9253

A **VESTÍGIO** É UMA EDITORA DO **GRUPO AUTÊNTICA**

São Paulo
Av. Paulista, 2.073 . Conjunto Nacional
Horsa I . Salas 404-406 . Bela Vista
01311-940 . São Paulo . SP
Tel.: (55 11) 3034 4468

Belo Horizonte
Rua Carlos Turner, 420
Silveira . 31140-520
Belo Horizonte . MG
Tel.: (55 31) 3465 4500

www.grupoautentica.com.br
SAC: atendimentoleitor@grupoautentica.com.br

Liar, liar, pants on fire
Your nose is longer than a telephone wire
[Mentiroso, mentiroso, calça em chamas]
[Seu nariz é mais comprido que um fio de telefone]

THE CASTAWAYS

Advertência

Este livro procura reconstituir fielmente os fatos que se desenrolaram, as palavras que foram ditas, as verdades e as mentiras que se revelaram, com base em inúmeros depoimentos. Alguns nomes, lugares e pequenos detalhes foram alterados para preservar o anonimato dos envolvidos.

1.

Quando eu tinha vinte e poucos anos, o primeiro homem com quem morei escondeu um gravador na sala de meu apartamento, entre o aquecedor e a parede. Ele gravava o que acontecia em sua ausência, depois ouvia o que eu tinha dito às pessoas que me visitavam ou telefonavam. Ele então fazia algumas alusões às minhas palavras. Se eu tivesse falado a seu respeito, ou sobre nosso relacionamento, me questionava com detalhes que me gelavam o sangue. Como ele sabia o que eu tinha dito? Como era possível? Que loucura! A coisa durou vários meses. Quando descobri a verdade, quando ele finalmente me contou tudo, entrei em pânico. Cortei todos os laços.

Alguns anos depois, fui morar em Londres com um jovem inglês que trabalhava no mundo editorial. Um *british* que não podia ser mais *british*, como nos quadrinhos de Astérix, com direito a nariz empinado, chá com um pingo de leite e touca de dormir. Um dia, descobri que havia muito tempo ele não trabalhava, porque na verdade era americano e não tinha documentos. De manhã, ele saía de casa para ir à biblioteca e, ao anoitecer, fingia voltar do trabalho. Dessa vez, tive ainda mais medo. Pensei que ele me mataria durante a noite se eu revelasse o que havia descoberto. Eu não disse nada. Observei-o por vários dias, indo e vindo, tomando seu chá e comendo seus *scones*. Fiz perguntas sobre seu trabalho. Ele foi evasivo. No fim, deve ter adivinhado que eu sabia. Não falamos a respeito. Fui embora.

Mas a coisa continuou. Os homens que amei costumavam ser desonestos, mentirosos, manipuladores. Perceber isso me deixa desesperada, mas eles devem ser meu tipo. Essa estranha atração me acompanhou no trabalho. Muito me interessei por trapaceiros, embusteiros e demais tipos de charlatões. Por isso, quando Marianne entrou em contato comigo e fiquei sabendo do caso de Ricardo, ele me pareceu um novo exemplo de uma busca pessoal sinuosa e sem fim. Aliás, penso que se não cruzei o caminho desse homem, se não estou na lista de suas vítimas, foi por simples acaso.

*

Em 14 de novembro de 2015, no dia seguinte à longa noite dos ataques ao Bataclan e aos cafés parisienses, por volta das seis horas da manhã, Marianne vê Alexandre, seu companheiro, correr para o hospital Louis Mourier, em Colombes, onde ele trabalha como cirurgião torácico. O jovem casal de trinta e poucos anos mora em Paris, perto do Canal Saint-Martin. Eles compartilham o amplo estúdio branco de prateleiras coloridas que Marianne comprou e renovou dois anos antes. Ela é ilustradora, procura comer alimentos orgânicos, frequenta os cinemas do Canal e as exposições mais comentadas. Os atentados ocorrem a poucos passos de sua casa. Eles ficam em choque. Sentem-se atingidos, visados. Ao sair, Alexandre já sabe que seu dia será difícil. Seu chefe havia permitido que dormisse em casa, mas os feridos na fila de cirurgia já não podem esperar.

Quando ele volta, à noite, está arrasado. Tem o semblante sombrio dos piores dias. Desaba no sofá, mudo, quase prostrado. Naquela noite, o casal havia combinado com muita antecedência de tomar um aperitivo na casa de vizinhos. Alexandre não tem forças. Marianne diz com gentileza que ele não pode ficar daquele jeito, que sair o ajudará a arejar as ideias. Ele se deixa convencer. Assombrado por seu dia, ele acaba contando o que viu e viveu. Djamila e Olivier, os vizinhos, nunca se esquecerão daquela noite em que todos começam a chorar quando Alexandre descreve os pacientes baleados, mutilados e paralisados que precisou operar. Desmoronam quando ele fala de uma jovem, ferida no Bataclan, que não conseguiu salvar, morta na mesa de operação. Do horror de ter que anunciar ao pai a morte da filha, as palavras que precisou encontrar.

Djamila e Olivier ficam impressionados com sua modéstia, seu jeito discreto de ser. Ele fez o que precisava ser feito, nada mais, mantém a sobriedade. Diz que os anos de juventude trabalhando como médico de guerra para a Médicos Sem Fronteiras o ajudaram a encontrar os gestos, o distanciamento necessário. É a primeira vez que menciona, de maneira breve, essa experiência, em sua maior parte, no Sudão. Ele não se vangloria, continua calmo. Mas foi graças a essa experiência que entendeu algo perturbador sobre os pacientes daquele dia: algumas das balas que extraiu dos corpos não tinham sido disparadas pelos terroristas, mas pela polícia.

Djamila e Olivier se sentem gratos. Embora tenham passado o dia atordoados em frente à televisão, revendo as imagens dos ataques, vão dormir quase orgulhosos de conhecer uma das raras pessoas que se fizeram úteis naquele dia funesto.

Quando Marianne fala de seu passado com Alexandre, na pequena rua florida onde ela ainda mora, quando repassa os fatos com os vizinhos que, desde então, a apoiam incondicionalmente, aquela noite permanece como um dos momentos mais assombrosos de sua vida.

Pois nada do que Alexandre contou é verdade. Marianne sabe disso agora. Alexandre nunca pisou naquele hospital. Ele não é médico. Ele nem mesmo se chama Alexandre.

*

No início da história deles, a jovem Marianne concorda em jantar com Alexandre sem grande entusiasmo. Ela acha seu estilo burguês, um pouco travado, não faz seu tipo. Daqueles que usam camisa para dentro da calça, esse tipo de detalhe. Mas com o passar do tempo ela se deixa conquistar por sua gentileza, suas atenções, pela doce persistência com que ele a envolve, que ela atribui às suas origens brasileiras: ele cresceu no Rio de Janeiro, onde estudou medicina. Depois de passar uma década trabalhando em missões humanitárias na África, seguiu até a França o colega Jean-Yves, da Médicos Sem Fronteiras, que o ajudou a conseguir um emprego no hospital de Colombes. Como estrangeiro, precisou refazer parte dos exames. Mas agora está tudo pronto, Alexandre quer se estabelecer, construir algo.

Em pouco tempo, parece apaixonado, se mostra sentimental. Marianne começa a se envolver, mas mantém a cautela. Ele é unanimidade entre as pessoas a seu redor. Sua família, seus amigos, todos adoram aquele rapaz tão atencioso, tão gentil, tão prestativo. Também é um homem bonito, um espécie de *latin lover*, alto, forte, de olhos castanhos e pele bronzeada. Seus amigos insistem:

Agora que você finalmente encontrou um cara que parece sério, que quer se envolver, aproveite.

Ela é uma jovem tranquila, estruturada, de voz suave e pausada. Tem uma vida em que cada coisa parece no lugar. A delicada palidez de sua pele não esconde uma grande determinação. Não sei por quê, mas quando penso nela vejo algo muito "francês". Ela continua próxima dos pais, que vivem fora de Paris, separados mas bons amigos. Alexandre está na mesma situação. Seu pai, Francisco, é juiz no Rio de Janeiro. Sua mãe mora nos Estados Unidos, em New Jersey, onde refez a vida com um americano. Ele tem três irmãs, com nomes que começam com a letra R: Roberta, Renata, Raquel. Seu nome de batismo, Ricardo, segue a mesma regra, mas todos o chamam de Alejandro, seu segundo nome, que ele afrancesou para Alexandre. Em sua família, eles se telefonam todos os dias ou quase. Marianne fica impressionada com aquele clã unido, de personalidades fortes. Ela se pergunta como encontrará seu lugar. Roberta, a mais velha, mora nos Estados Unidos, perto da mãe, e tem dois filhos. Alexandre lamenta que ela tenha desistido de trabalhar para cuidar da família. Ele culpa o cunhado, que julga um pouco machista. Raquel, a caçula, ainda está tentando se encontrar e gasta desmedidamente o dinheiro que o pai lhe envia. Alexandre gostaria que o pai fosse mais rigoroso, que não lhe desse tudo. Renata é a irmã de quem ele se sente mais próximo. Eles têm apenas dois anos de diferença. A menos que seja Roberta, Marianne às vezes se confunde. Ela pensa, hesita por um momento, Roberta ou Renata? Então ela se corrige, é mesmo Roberta, a que vive nos Estados Unidos. Marianne tenta se lembrar de todos os detalhes daquela família, ainda que imaginária, na qual viveu por meses.

Não quer cometer erros sobre esses personagens bem definidos, com os quais todos os dias aconteciam coisas que ela compartilhava e vivia. Nunca os viu em fotografias, mas ainda pode dizer a cor de seus cabelos, se são altos ou baixos. Mal podia esperar para conhecê-los.

Pouco tempo depois de se conhecerem, Alexandre descobre que a mãe está com câncer, um tipo de mieloma. Sabe que ela não tem muito tempo de vida. Os dois atravessam juntos essa provação, que os aproxima, é claro. Alexandre passa horas ao telefone com as irmãs no Brasil e nos Estados Unidos. Marianne o apoia, se enternece e baixa a guarda.

Quando a mãe de Alexandre morre, alguns meses depois, ele vai para New Jersey. Fica muito abalado, Marianne também, por empatia. Na volta, ele se muda para o estúdio branco dela. E começa uma especialização em cirurgia pediátrica em Toulouse, onde passa uma semana por mês.

Sem querer, Marianne engravida. Fica feliz. Ele se ajoelha diante de sua barriga, jura que é o dia mais feliz de sua vida, chora. E logo telefona para o pai para dar a notícia.

A gravidez segue seu curso. Alexandre insiste para que Marianne seja acompanhada por uma colega do hospital e para que o bebê nasça em Colombes. Ela será mais bem atendida e, se necessário, mais bem tratada. Mas ela prefere uma maternidade perto de casa, em Paris, mais conveniente. Ele fica chateado, tenta convencê-la, mas acaba cedendo. Também não entende por que ela nunca o visita no trabalho. Ele a provoca, dizendo que ela não se interessa pelo que ele faz, sempre encontra uma desculpa.

Para que ela possa contatá-lo a qualquer momento, ele lhe deixa o número da enfermaria do bloco cirúrgico.

Ela deve especificar que é sua companheira, caso contrário não ousarão chamá-lo. Ele faz com que ela anote os números de suas três irmãs e de seu pai no Brasil, caso algo aconteça, nunca se sabe. Tudo isso, vou entender mais tarde, é seu lado apostador, ele age assim pela adrenalina, pela emoção, pela diversão.

Marianne está grávida de cinco meses e meio enquanto Alexandre acumula plantões, dorme com frequência no hospital, vai para Toulouse e às vezes passa uma semana, dez dias sem voltar. Uma noite em que ela se sente mais sozinha do que o normal, em que sua barriga está um pouco mais dura, ela tenta contatá-lo várias vezes no celular, mas ele não atende. Ela telefona para o hospital. Na recepção, a atendente não conhece ninguém com esse nome. Marianne pensa que as listas não devem ter sido atualizadas. O número da enfermaria do bloco cirúrgico também está errado. Ela começa a se preocupar. Seu coração bate mais rápido. Em um impulso, sem pensar muito, ela digita os outros quatro números que ele deixou, do Brasil e dos Estados Unidos. Todos são falsos, não dão em nada, ou as pessoas do outro lado nunca ouviram falar em Alexandre.

Algo não está fechando: é tudo o que consegue pensar. O mal-estar começa a crescer, sobe à sua cabeça como uma grande vertigem, ela se sente à beira de um abismo. Mas se recompõe, diz a si mesma que ele deve ser apenas um médico contratado, que não se tornou um titular do hospital e não teve coragem de lhe contar. E que ela deve ter anotado os outros números errado. Agarra-se a isso. Ufa.

Alguns dias se passam, durante os quais a dúvida começa a se infiltrar por todas as frestas de suas vidas compartilhadas. Alexandre está retido em Toulouse, Marianne começa a investigar. No computador dela, que ele às vezes usa, Alexandre tem um usuário. Nada encontra de anormal: artigos especializados, relatórios cirúrgicos, documentos administrativos do hospital. Então se lembra de que, antes de criar o próprio usuário, ele havia usado o usuário dela, com o navegador Chrome do Google. Graças ao histórico de navegação, ela encontra vestígios de sua passagem. Havia configurado o Chrome para salvar automaticamente as senhas de todas as contas acessadas, sem necessidade de confirmação. Alexandre não sabia dessa configuração. Marianne acessa todas as contas usadas pelo companheiro poucos meses antes, tanto suas contas de e-mail, com anexos, quanto seus perfis em redes sociais, tudo. Sua vertigem logo se transforma em um mergulho abissal, uma descida ao inferno. Ela penetra em outra dimensão: um segundo, um terceiro e até um sétimo mundo se delineiam atrás das portas que escancarou, paralisada, com poucos cliques. O choque dá lugar à estupefação.

*

Marianne descobre que Alexandre tem mais de vinte contas de e-mail, dezenas de páginas no Facebook e perfis em sites de relacionamento, que ele se corresponde com inúmeras mulheres em cinco ou seis países. Fica evidente que seu companheiro tem vários relacionamentos amorosos ao mesmo tempo, em níveis variados de intimidade, na França, na Polônia, na Suécia, na Espanha, em Portugal, na Argentina, no Brasil. Filhos são mencionados ao acaso em conversas, surgem em fotos enviadas para aniversários, em e-mails triviais: ao juntar os fragmentos caóticos e abundantes, ela identifica pelo menos um no Brasil, outro na Argentina. Naquele exato momento, ela conta quatro lares, quatro apartamentos dos quais ele tem as chaves, quatro mulheres que pensam ser as únicas a viver com ele, duas delas na Polônia e uma que fala espanhol. Marianne não entende polonês, português ou espanhol, mas passa vários dias absorvendo essas realidades paralelas, esse emaranhado de existências múltiplas, sem sair e sem comer. Ela examina as contas, lê os e-mails e os comentários, estuda as fotos. Tudo isso em meio a náuseas e vômitos.

Cada relacionamento corresponde a um nome e um sobrenome diferentes, uma nacionalidade, uma profissão, uma biografia familiar completamente nova, uma vida. Dependendo do caso, é piloto, fotógrafo de guerra, engenheiro da Peugeot, militar em Gaza, policial, médico ou abriu uma franquia de cosméticos. Na conta do Facebook em que se diz militar e posta dezenas de fotos de diferentes campos de batalha, ele é seguido por mais de cinquenta mil pessoas. É espanhol aqui, argentino ali, brasileiro ou português acolá. Chama-se Daniel, Alexander, Ricardo, Jeremias, Carlos, Antônio. Seu pai é ferroviário em Buenos Aires, juiz no Rio de Janeiro ou morreu em um acidente de helicóptero, de carro ou de câncer. Marianne desenterra conversas com sua verdadeira mãe, Maria, que está bem viva em uma pequena cidade do interior de São Paulo e não morreu em New Jersey, nem nasceu no Rio de Janeiro. Ele parece ter apenas um irmão mais novo, de doze anos, que faz passar por seu sobrinho, para quem ela enviou um iPad no Natal.

Marianne penetra o elaborado universo visual que estrutura essas diferentes identidades. Esse universo inclui fotos de atores que representam seus pais, diplomas falsificados, carteiras de identidade adulteradas, extratos bancários manipulados, vídeos gravados por telefone, selfies, montagens.

Quando Marianne percebe que ele mentiu para a própria mãe e inventou uma história na qual é engenheiro, acabou de ter uma filha e mora no sul da França, a ficha cai. Em contrapartida, Marianne não existe. Ela não encontra nenhum vestígio da vida de Alexandre em Paris, da gravidez, da família dela ou dela mesma nessas trocas. Ela não passa de uma peça minúscula dentro de uma enorme engrenagem, um sistema de ramificações múltiplas e tentaculares. Pouco a pouco, detalhes lhe vêm à mente e a aterrorizam. Pensa nas dezenas de ligações diárias, que duram horas, para as irmãs, o pai, os colegas de hospital. O telefone de fato tocava? Quem estava do outro lado? Como era possível? Ela rumina essas perguntas, as considera de diferentes ângulos e leva um bom tempo para aceitar que ele provavelmente falava sozinho. Talvez ele configurasse alarmes para fazer o celular tocar?

Sua vida desmorona. Sem falar da solidão em que se encontra, do medo que sente, da perda de todas as referências. Mas Marianne é uma mulher forte. Quer entender quem é esse homem, encontrar fragmentos de verdade, algo em que se segurar. O que vai dizer para o filho? Que não sabe o nome de seu pai? Nem de onde ele vem, quem ele é? A situação lhe parece insustentável. Quer ao menos um nome e um país. Então fica quieta.

Está previsto há muito tempo que na semana seguinte, para as férias de Natal, o casal irá para o sudoeste da França, à casa da mãe de Marianne. Esta última fica sabendo da catástrofe pela boca da filha, mas promete manter-se calada, fingir que está tudo bem. Marianne quer manter essa vantagem para observar, estudar, descobrir o que há por trás dos olhos daquele homem, lá no fundo, antes de terminar. Ela o observa respirar, dormir, falar, atender o telefone, tenta sobrepor a imagem do companheiro incrivelmente humano, generoso, amável e atencioso que ela admira e tanto ama, à imagem daquele outro homem desconhecido, impenetrável. Mas as duas não se encaixam. Ela não consegue. Arrisca um comentário anódino sobre a Polônia, uma ou duas insinuações com duplo sentido e pensa ver em seu rosto pequenos tremores, um micro estresse, então para. Mas uma música de Jeanne Moreau, "J'ai choisi de rire" [Eu escolhi rir], lhe ocorre sem mais nem menos, durante um passeio de carro com Alexandre e a mãe. Ela a canta alegremente. Cantar a alivia, e a ideia de rir lhe agrada. Sua mãe entende o significado oculto e canta junto com ela: "Ele sussurrava em meu ouvido / Enquanto me abraçava / 'Eu prometo montanhas e maravilhas / Amor eterno, e assim por diante' / Ele me dizia com ênfase / 'Eu escolhi morrer por você' / Morrer por mim, palavras, frases! / O que eu escolhi é menos louco / Eu escolhi rir, rir de tudo / Rir do pior, do melhor também".

Em outro momento, Marianne se lembra dos remédios que ele lhe traz para tratar uma infecção e que ela felizmente não toma, dos conselhos médicos que ele oferece aos amigos, dos antibióticos que providencia para um vizinho, e começa a rir menos. Por fim, no fundo falso de uma mala, descobre alguns pertences do companheiro e um passaporte brasileiro válido no qual ele se chama Ricardo. Este é seu verdadeiro nome e o que usarei de agora em diante neste livro. Ela acompanha seus movimentos nas contas de e-mail, nas redes sociais, vê que ele compra passagens para Cracóvia dois dias depois e não fica surpresa quando ele lhe diz que estará de plantão na noite de Ano Novo. Ela o acompanha até a plataforma da estação de trem, como de costume, diz que o ama e que sentirá sua falta, e o vê partir pela última vez.

Pouco depois ela lhe envia uma mensagem curta explicando que foi informada por um e-mail anônimo de suas mentiras, de suas outras vidas, e pede que ele nunca mais a procure. Ele responde na mesma hora, encontra desculpas, explicações, a encoraja a verificar seus diplomas no Brasil, seu horário no hospital, fornece novos números de telefone. Telefona, fica zangado, e sempre que ela apresenta uma nova informação, uma nova prova, inventa uma história em resposta. Ele se agarra ao filho que vai nascer em breve, ao amor deles. Mas Marianne aguenta firme. Troca as fechaduras do apartamento em Paris, procura a polícia e concorda em encontrá-lo uma última vez em um café, na presença de uma testemunha. Ele se sente acuado e não se demora. Ela nunca mais o vê.

2.

Fico conhecendo Marianne cerca de um ano depois dos fatos. É ela que entra em contato comigo. Temos uma amiga em comum. Ela quer compartilhar sua história e a comenta de bom grado. Diz que quer impedir que ele faça novas vítimas e informar as que já foram enganadas. Sente que é importante agir, tomar o controle da situação.

Por que, entre as centenas de histórias que registro, filmo e apresento há anos, no rádio e em outras mídias, esta me atrai mais que as outras? O que ela esconde de tão diferente para que eu mergulhe em seus meandros por meses, e mesmo anos? No início, não me faço essa pergunta, ou a faço apenas vagamente, e me entrego com paixão. Somente muito mais tarde entendo o que a torna tão única entre as tantas que conheci, e por que ela ressoa em mim mais que todas as outras.

Desde os primeiros minutos de meu encontro com Marianne, é verdade que me sinto particularmente tocada, envolvida pelo que acontece com ela. Marianne cria o filho sozinha. Eu também. Nós nos aproximamos. Vemo-nos com frequência. Para mim, ela nunca será uma estranha, um "tema" ou um objeto de estudo. Estabeleço com ela uma intimidade especial, cheia de empatia, admiração e curiosidade profissional. No início, tenho a impressão de que seu relacionamento com Ricardo ainda não acabou totalmente. Ela monitora com frequência seus movimentos na Internet, segue seus rastros, quer inverter os papéis; definitivamente, não quer continuar sendo uma vítima. Ao mesmo tempo, está bem ciente de que precisa parar de fazer isso. Ocasionalmente, ele entra em contato com ela, segue se justificando. Ela sorri ou se irrita, depois se recompõe.

Se antes eu estava envolvida, sinto que agora começo a me tornar responsável, investida de uma missão que ninguém me confiou: tentar entender como tudo pôde acontecer. Não quero descobrir aquilo que, na personalidade ou na vida de Marianne, permitiu esse tipo de controle. Certamente não penso que haja nela uma predisposição específica para a credulidade ou a ingenuidade que a torne um pouco culpada. No entanto, me pergunto se esse homem tem algum perfil de vítima como alvo, algum tipo específico, se ele seduz algumas mulheres mais do que outras, se ele tem um "território" de atuação. Portanto, quero conhecer suas outras companheiras, entender seu *modus operandi*, seus critérios de escolha. Há também um quê de jogo, de desafio, de excitação infantil nesse personagem que me interessa: seu prazer de se disfarçar, de se transformar, de contemplar sua imagem sob mil formas; e uma alegria infantil de desafiar o perigo e provocar o destino. Pelo menos é no que acredito nesse momento. Eu o imagino com um lado libertino, no sentido original da palavra, que se diverte "enganando todo mundo" ao se fazer passar por algo que não é. Ele realiza, no fundo, o desejo que todos temos de ser outra pessoa, de viver outras vidas que não a nossa. Ele é essa parte sonhada de nós mesmos. Ele nunca acorda. Tudo isso me atrai e me arrasta para uma espécie de espiral frenética. Embarco em uma busca que me ocupará pelos próximos cinco anos.

*

Começo explorando alguns elementos reunidos por Marianne, que os entrega a mim como se estivesse me passando um arquivo explosivo, como se estivesse se livrando de algo. Ela não me mostra tudo, mas quase tudo. Mais tarde, a eles se somarão documentos entregues por outras mulheres, testemunhos e elementos encontrados por mim mesma nas redes sociais. São dezenas de imagens, fotos, e-mails, capturas de tela, vídeos, que organizo com uma precisão de arquivista. Há passagens aéreas, cartões de transporte, documentos falsos e reais, conversas de WhatsApp, mensagens de texto, fotos de Ricardo, de seus supostos pais, de pessoas das quais não sei absolutamente nada. Entendo que Ricardo cria suas vidas como perfis digitais românticos, seus personagens como protagonistas fictícios, com características específicas, ambientes e universos que ele modela com profissionalismo e frieza. Ele se comunica como um *digital native*, um nativo digital: envia imagens o tempo todo, algumas sem nenhum interesse, mas em grande quantidade. Sobrecarrega de informações, de efeitos de realidade. Fornece certificados. Documenta. Se existe uma imagem, uma fotografia, a realidade é um fato consumado.

Nas fotografias que envia para Marianne, há imagens de corredores do hospital Louis Mourier, de supostos colegas em jalecos brancos, de vista de uma janela, de uma mesa com um bloco de receituário e uma caneta, detalhes que valem pela quantidade e pelo que atestam. Às vezes, Ricardo pega um objeto de seu cotidiano, um livro que ela lhe deu, e o fotografa em uma mesa de hospital. Então envia a foto para dizer que está com Marianne, que pensa nela, como uma piscadela, um passo a mais na realidade. Tento imaginá-lo no trânsito, a caminho do hospital que vai documentar. Em uma mochila, leva esses objetos a serem colocados em cena, os indícios, as provas. Ele percorre os corredores desinfetados, atento e discreto. Senta-se em uma sala de espera. Absorve as conversas. Observa, memoriza, organiza. Tem muito mais trabalho que Jean-Claude Romand, o falso médico cuja história Emmanuel Carrère conta em *O adversário*.* Ao lado de Ricardo, o cotidiano do notável interiorano parece bem medíocre, quase pacato. Ricardo, por outro lado, tem mil vidas, com irmãos e irmãs de nomes diferentes, profissões que não têm nada a ver entre si, habilidades a serem adquiridas, arquivos a serem consultados, milhares de dados a serem memorizados. É por isso, imagina Marianne, que ele se levanta tão cedo, entre cinco e seis horas, que aproveita as manhãs tranquilas para criar essas vidas paralelas e gerenciar a turbulenta *startup* de suas múltiplas existências.

Às vezes, documentar-se se revela uma tarefa bastante acrobática. Quando a mãe de Ricardo supostamente entra em coma depois de uma reação à quimioterapia, sofrendo um "choque anafilático", ele pega o primeiro avião para New Jersey. Durante toda a semana, ao lado da mãe ou com as irmãs e os sobrinhos, liga para Marianne com

---

* Jean-Claude Romand é um notório impostor francês que, por dezoito anos, fingiu ser um médico e pesquisador da Organização Mundial da Saúde (OMS). Em 1993, ao ser descoberto, assassinou esposa, filhos e pais, e tentou suicídio. Romand foi condenado à prisão perpétua em 1996 e libertado sob condições estritas em 2019, vivendo em um mosteiro sob vigilância eletrônica. [N.E.]

frequência e envia muitas mensagens de texto ou áudio. Mas nenhuma imagem, nenhuma foto dele ou da família. E não sem motivo. Marianne, que se acostumou a essas trocas diárias ilustradas, fica surpresa. E sem outra intenção que a de provocá-lo gentilmente, escreve que, se ele não enviar nenhuma foto, vai acabar achando que ele continua em Paris. Ricardo não gosta da brincadeira. Seu senso de humor tem um equilíbrio instável. Ele telefona na mesma hora, mortificado. Diz que ela é realmente *um monstro* por imaginar que ele não está ao lado da mãe moribunda. Ela não sente nenhuma piedade por ele nesse momento tão doloroso, para fazer tais insinuações? Marianne se sente desconfortável, pensa que talvez tenha feito uma piada de mau gosto. E pede desculpas.

Alguns meses antes, quando o relacionamento ainda era platônico e Marianne hesitava em se comprometer, ela também havia ironizado o fato de ele não ser muito ativo nas redes sociais. Que ela soubesse, ele não tinha conta no Facebook nem no LinkedIn: "um verdadeiro James Bond", brincou. Ricardo apareceu na casa dela no mesmo dia com seu computador e explicações. Aquelas alusões o haviam perturbado. Ele precisava confessar algo importante, grave. Não queria que ela soubesse dessa história por outra pessoa. Depois, ela poderia decidir o futuro do relacionamento. Quando tinha vinte anos, Ricardo saiu certa noite com a namorada da época e eles beberam muito. Na volta, ele dirigiu em alta velocidade, bastante bêbado, e eles sofreram um acidente. A namorada morreu na hora, assim como um pedestre atropelado por ele, um pai de família com dois filhos. Ricardo saiu ileso, depois de apenas alguns dias de hospitalização. Houve um julgamento e, no Brasil, ele enfatiza, a lei sobre dirigir sob influência de álcool é muito severa. Felizmente, como estudante, ele teve a pena suspensa e só foi condenado a trabalhos comunitários e a uma pesada multa. Mas havia tirado duas vidas, tinha sido responsável por duas mortes, estava ciente disso: não se passava um dia sem que pensasse a respeito. Essa história mudou sua vida para sempre. Foi para se redimir, ou pelo menos tentar, que se juntou à Médicos Sem Fronteiras e decidiu dedicar sua vida a tentar salvar outras.

Ele conta isso sem chorar, mas suas palavras dilaceram o coração de Marianne. Ela sente que se trata de um trauma profundamente enraizado e, a partir desse momento, entende melhor o que o atormenta, a dor que ela às vezes pressente. Entende alguns detalhes que antes pareciam confusos, junta as peças. Ricardo acrescenta que a família da jovem que ele matou, principalmente seus irmãos, não aceitam o veredicto e consideram a pena branda demais. Eles o procuram e querem que ele pague pelo que fez. Por isso, entre outras coisas, ele fugiu do Brasil, porque nunca poderia ter uma vida normal lá, nem encontrar a paz. Era também por isso que era tão discreto nas redes sociais.

Essa fábula, ela entenderá muito mais tarde, é na verdade uma cortina de fumaça que dramatiza a vida de Ricardo, produz empatia, um romantismo um tanto barato. Mas serve principalmente para preparar o terreno para possíveis descobertas e construir uma defesa no futuro: se um pedaço da verdade emergir, se uma mentira escapar, será necessariamente uma calúnia da família dessa jovem, um ato de vingança.

Ele encerra sua tirada melodramática deixando-a escolher. Se aquele for um peso grande demais para carregar, se ela quiser parar por aí, ele não a culpará. Se precisar de tempo para pensar, ele entenderá.

E é assim que Marianne cede e se deixa envolver em uma história de amor que não estava ansiosa para começar.

*

Nicole trabalha como psicoterapeuta em um hospital-dia para adolescentes, ao sul da capital, mas agora vive no departamento de Yonne. Eu a encontrei graças a seu trabalho, e nós nos vemos em Paris quando ela vem à cidade. É uma mulher alta, de cabelos compridos e loiros, olhos azuis muito claros, com uma pinta grande na bochecha. Parece uma mulher firme, independente. Rapidamente, estabelecemos uma cumplicidade intelectual. Ela analisa, mais do que conta, sua história com Ricardo, e eu entro no jogo, oferecendo minha pequena interpretação. Falamos a partir de nossas áreas de atuação: eu como documentarista e escritora, ela, como psicóloga. É uma espécie de hábito que desenvolvi: buscar com meus interlocutores, sejam amigos, colegas de trabalho ou "assuntos", um terreno comum, um ponto de conexão, algo que compartilhamos e que nos permita um vínculo, para que o outro se sinta em casa, em lugar seguro. Nos primeiros minutos desses encontros, é como se eu estivesse sintonizando frequências. Em geral, encontrar a sintonia acontece rapidamente, mas eu a ajusto de leve se houver divergências ou interferências. Às vezes penso que essa abordagem é uma estratégia, consciente ou não, de ouvir confidências, obter informações, despertar simpatia. Outras vezes, parece ser a essência de qualquer relacionamento: encontrar pontos de contato, estabelecer vínculos, como se houvesse uma ciência em fazer a arqueologia do que nos une.

Com Nicole, que é reservada, para não dizer que está na defensiva, mantenho o profissionalismo. Eu me encontro com ela mais por sua expertise do que por ser uma vítima, o que ela admite a contragosto. Ela não nega a ironia da situação, uma psicóloga em um relacionamento com um mitômano. Mas seu campo de atuação é o de adolescentes com distúrbios alimentares, fobias escolares, pensamentos suicidas, não esse tipo de patologia. E ela também enfatiza a efemeridade de seu relacionamento, logo menciona os sinais que a alertaram e minimiza seu envolvimento amoroso. Desde o início, o comportamento de Ricardo lhe parece exagerado, sua maneira de ser é superficial, *beirando a caricatura*. Rapidamente, diz, a dúvida se instala. No entanto, não é isso que sua correspondência revela. Nicole se dirige a ele como ao homem de sua vida, ao mesmo tempo que o repreende por não lhe dar espaço suficiente. Ela se irrita, faz cenas, chega a ameaçar atirar no fogo uma camisa que ele deixou em sua casa, um troféu dos anos de estudante que ele valoriza muito. Mas embora, no fim das contas, seja de uma história sem importância que ela se lembra, não vejo por que questionar sua memória. Talvez ela, como ele, tenha brincado com as palavras na comédia da paixão.

O breve romance começa em um bar latino no 14º *arrondissement*, em uma noite de show. Nicole está com amigos, ele também. Ela o vê e o arrasta para a pista de dança. Ele diz que não sabe dançar, mas ela insiste até perceber que ele é realmente desajeitado e fica envergonhado na frente dos amigos. (Outra mulher contará que ele se apresentava como dançarino profissional.) Ele se chama Daniel, é argentino, de origem espanhola por parte de avó. Seu sotaque típico de Buenos Aires não deixa dúvidas. Nicole passou um tempo lá, na época de estudante, e o identifica sem dificuldades: reconhece a gíria, as entonações, a maneira de pronunciar os "j".

Ricardo lembra muitíssimo seu namorado à época, o que a deixa nostálgica.

Depois dessa primeira noite, é Nicole quem telefona. A ligação o deixa nas nuvens, ele se sente autorizado a partir para o tudo ou nada, encenando para ela uma comédia ultrarromântica na qual nada falta, de palavras definitivas a juras inflamadas de amor. Ele só não aparece sob sua janela com um bandolim para tocar uma serenata. Um comportamento que ela agora qualifica de histérico. Um romantismo barato ao qual ela se entrega sem muita reflexão.

Eles passeiam à noite pelas margens do Sena e sob suas pontes, percorrem os grandes bulevares, sobem as ruas estreitas de Montmartre e jantam em mesas com toalhas quadriculadas: ela se torna turista em sua própria cidade. O trabalho dele, de médico militar em zonas de guerra, confere um caráter urgente ao relacionamento. Despedidas dilacerantes se sucedem a reencontros febris em meio a conflitos armados, vidas a serem salvas. Ela percebe a praticidade dos deslocamentos constantes, que com certeza servem para Ricardo esconder alguma coisa; pensa nisso por reflexo profissional, mas não sabe dizer o que eles poderiam esconder. Examina as habilidades interpessoais de Ricardo, analisa suas evasivas, sua incapacidade de se ancorar em uma experiência íntima e sua maneira de negar a dimensão profunda e poética do verdadeiro amor. Mas, no momento, ela não se preocupa muito com isso. Ele é entusiasmado, apaixonado, às vezes explosivo, quase violento em sua paixão. Ela diz que não o leva muito a sério, mas acha engraçado e se diverte.

Ouvindo-a, começo a duvidar se estamos falando do mesmo homem de Marianne, o cirurgião calmo, atento, extremamente doce. A confusão continuará quando as duas mulheres, Marianne e Nicole, se encontrarem. Ao evocar seus respectivos companheiros, elas concluirão que não viveram com a mesma pessoa. Terão que procurar e comparar fotografias para ter certeza: de fato, trata-se do mesmo homem. Então percebo que Ricardo adapta seu caráter, seu comportamento, até mesmo seu sotaque para atender às expectativas que ele intui, para satisfazer os desejos de suas mulheres. Com um talento extraordinário, ele descobre o que elas querem viver e se molda a essa descoberta. Às vezes, ele ajusta certos comportamentos aos poucos, como lembra Marianne, que o viu abandonar a aparência burguesa e adotar um ar boêmio que lhe caía melhor. Outras vezes, ele opta pelo tudo ou nada e consegue o que quer. É como a frequência que eu mesma sintonizo quando conheço alguém, mas numa escala multinacional, sem escrúpulos.

A hipótese se fortalece quando converso com uma de suas conquistas escandinavas, mais passageira, que descreve um homem frio, metódico, levemente rígido, um ideal protestante que a atraiu. Kasia, uma das duas polonesas, descreverá um homem tranquilo, *divertido*, que faz piadas o tempo todo e faz a família rir. Não há dúvida, o camaleão sabe se adaptar, se impregnar do outro, antecipar seus desejos, até mesmo os mais inconfessáveis.

Marianne me descreve uma noite que prova que não são apenas as mulheres apaixonadas (supostamente cegas) que se deixam enganar: Ricardo tem um verdadeiro talento.

Ele e a companheira vão a um casamento, cerca de um ano depois de se conhecerem. Ao chegar, a noiva lhes diz: *Imaginem só, que coincidência estranha, temos outra especialista em tórax entre os convidados esta noite. Vou apresentá-la a vocês, é uma velha amiga do meu marido.* A festa acontece.

A noiva não pensa mais no assunto. Marianne também não. Mas, no fim da noite, uma mulher atravessa a massa de convidados, se aproxima de Ricardo e bate em seu ombro alegremente. Marianne está a seu lado. *Aposto que é você*, diz a mulher. *Fiquei sabendo que havia outro cirurgião torácico entre nós. Eu nunca me engano.* Segue-se uma conversa comum entre os dois especialistas: eles mencionam os ambientes de trabalho, falam dos conhecimentos em comum, da profissão. Em nenhum momento a mulher desconfia ou fica em dúvida sobre algum detalhe, diz Marianne. Eles se despedem prometendo se encontrar novamente, para jantar.

Essa cena no casamento é uma das minhas preferidas, por assim dizer. Eu a conto com frequência quando falo a meus amigos sobre o que estou trabalhando e quem é Ricardo. Pois ele consegue objetivar seu talento, tirá-lo da esfera íntima. Seu gênio se torna oficial, universal. Por isso, sinto curiosidade de conhecer aquela mulher.

Marielle confirma ter conversado um pouco com o "colega", de maneira superficial. Ela não guarda na memória a imagem de um sujeito muito simpático, e sim tenso, retraído, longe do genro ideal que Ricardo representa para a família de Marianne. Obviamente, aquele deve ter sido um momento de grande estresse para ele. Mas como Marielle o reconheceu entre duzentas pessoas? Ela me explica, não sem humor: os óculos, os cabelos curtos, o aspecto arrumadinho, ligeiramente retraído, *um estereótipo*, admite. A única coisa que a intriga é que ele não tenha ido falar com ela antes. A especialidade deles é *muito corporativa*.

No entanto, há um detalhe perturbador. De acordo com Marielle, Ricardo se apresenta a ela como cirurgião vascular, não torácico, embora a segunda especialidade englobe mais ou menos a primeira. Ela tem certeza absoluta de que ele não diz torácico, porque o nicho é muito pequeno e ela conhece todo mundo; além disso, não existem cirurgiões torácicos em pequenos hospitais como o Louis Mourier, são necessárias grandes instalações. Mas como ele realiza essa acrobacia técnica do tórax para as artérias, as veias e os vasos sanguíneos? Como consegue perceber tão rapidamente que precisa mudar de especialidade em dois segundos? E por que faria isso, aliás? Pode ser que alguém tenha se enganado ao relatar aquela noite? Marianne, a quem ele nunca havia dito "torácico"? Eu, que não entendi nada? Ou Marielle, que no entanto se lembra de ter perguntado se ele fazia mais veias ou artérias, ao que ele respondeu, sem hesitar, *veias*. Essa confusão me interessa porque é uma pista, uma hipótese: a menos que Ricardo seja realmente cirurgião ou tenha um talento ainda mais incrível, há um momento na narrativa em que alguém distorce levemente os fatos, alguém que molda Ricardo de acordo com seu desejo ou sua frustração, para tornar a história mais marcante, para esconder um erro ou um esquecimento, para se adequar à sua própria ficção. Não importa quem, mas me ocorre de repente que a própria narrativa dessa vida de mitos não está isenta de fantasias e projeções imaginárias.

Esse incidente me lembra de uma experiência bastante conhecida em psicologia social realizada na Universidade de Amherst, Massachusetts, em 2002. Ela consistia em colocar desconhecidos lado a lado e pedir que conversassem em duplas por cerca de dez minutos, alguns recebendo a instrução de se apresentar de forma agradável ou destacar suas habilidades. Como resultado da experiência, 60% dos participantes haviam mentido entre duas e três vezes em dez minutos, independentemente de terem recebido ou não instruções. Aqueles que deviam causar uma boa impressão ou parecer competentes haviam inventado ainda mais. Homens e mulheres haviam mentido na mesma proporção, mas o conteúdo de suas invenções era significativamente diferente. As razões pelas quais mentimos variam amplamente, seja para o bem dos outros, para não ferir, para evitar conflitos, ou, pelo contrário, para obter vantagens, dissimular um erro ou uma falha. Mas, na maioria das vezes, mentimos para agradar, esconder nossa mediocridade, criar a pessoa desejável que gostaríamos de ser com uma ou duas frases mágicas.

*

Carolina é a terceira parceira que conheço, algumas semanas depois de Nicole. Ela também pensa que é a única. Com ela, Ricardo vive em Montrouge, em um apartamento de dois quartos que ela aluga no térreo de uma residência. Dessa vez, ele se chama Ricardo, é engenheiro na produção de automóveis e gerente de projetos na Peugeot, na fábrica de Saint-Ouen. Quando está com ela, sai de manhã cedo no belo terno que eles compraram juntos e volta tarde da noite. E se ausenta muito para inspecionar as fábricas da Peugeot mundo afora. Ele com frequência fica estressado com o trabalho, que o absorve muito, e com a equipe que precisa gerir. Delegar não é algo natural em sua pessoa: verifica tudo por si mesmo e muitas vezes acaba assumindo sozinho uma carga de trabalho grande demais.

Ricardo conta a Carolina que foi criado no Brasil, onde cresceu, por uma babá a quem amava muito. Ela se chama Aparecida Dias e entrou para a família no dia em que a mãe de Ricardo, advogada, a encontrou chorando na saída do tribunal. Comovida com seu destino trágico (cujas reviravoltas romanescas Carolina esqueceu), a advogada a defendeu e a tomou sob sua proteção, antes de fazê-la sua empregada e babá de seus filhos. Nas fotos de Aparecida Dias que Ricardo mostra a Carolina como prova de sua emocionante narrativa, a babá é sua verdadeira mãe, que se chama Maria. Na vida real ele tem uma tia chamada Aparecida, que nunca foi sua babá, obviamente. Em São Paulo, os pais de Ricardo possuem um apartamento de luxo, além de uma enorme casa à beira-mar com piscina e campo de futebol. Vários empregados estão a seu serviço, além de Aparecida (que combina bem com seu nome, "aquela que apareceu"). De tempos em tempos, o parceiro de Carolina compartilha com ela lampejos de nostalgia e se pergunta por que eles estão ali como idiotas quando poderiam estar à beira da piscina na casa de sua família. A respeito dessa casa, um detalhe fica na memória de Carolina: "Ela era amarela". Ela diz isso, percebe o que disse e suspira tristemente. Ela se sente uma idiota por ter acreditado na casa amarela, por se imaginar lá. Anos depois, a ideia da casa continua viva, indelével, com seu campo de futebol e sua piscina oval. As ficções de Ricardo criam imagens mentais que permanecem, com a doçura de uma lembrança verdadeira ou de um sonho agradável. Mas a cruel desilusão se mistura à vergonha de ter ansiado por essa casa amarela, que evidentemente não é feita para pessoas como ela.

Assim como Carolina, percebo que Marianne também tem o mesmo cuidado com detalhes. Ela tenta se lembrar com precisão da personalidade das irmãs imaginárias, da data da morte da mãe, dos tratamentos que ela recebeu, dos fatos, dos lugares, da maneira como os eventos se encadearam. Ela poderia varrer tudo para longe, sabendo que nada daquilo jamais existiu, apagar tudo, mas não. Como se estivesse reconstruindo um crime, ela insiste em relatar uma versão minuciosa do que acredita ter vivido e, no fim das contas, viveu. E não apenas para que acreditem nela, ou para mostrar a extensão da impostura. É importante para ela. São as lembranças de seu antigo futuro.

Vejo isso como um aviso: eu também devo cuidar para respeitar a forma exata dessas ficções, as lembranças dessas mulheres, os fatos e gestos desse homem, para não cometer erros sobre os personagens que ele criou, nem misturar as narrativas, as invenções e as duplicatas, as verdadeiras evidências e os falsos documentos; devo tentar não exagerar também, embora, com o tempo, seja tentador, aqui e ali, ordenar essas histórias, adicionar algo ou ocultar um detalhe. Percebo que não será simples fazer o cruzamento das fontes dessas elucubrações. Então me pergunto, e verifico: ele realmente inventou esse detalhe? Ele disse isso ou é a memória dela que está lhe pregando uma peça? E se houver fragmentos de verdade nisso? Quais? Como isso tudo funciona? Mesmo que eu esteja relatando uma vida de mentiras, eu gostaria que tudo fosse verdadeiro.

*

Carolina o conhece em um café em Montrouge, em 2014, no dia da final da Copa do Mundo de futebol, entre Alemanha e Argentina. O ambiente está em ebulição. Ela ri, bebe cerveja. É uma garota alegre, generosa, uma morena melancólica, pequena e sentimental, que coloca *ita* e *ito* no fim das palavras, *cafecito*, *ricardito*, *salsita*... Nasceu na América Latina, mas cresceu na Espanha, e chegou à França há cerca de dez anos. Sua família pertence a uma classe média séria, unida, e praticamente todos trabalham na área da saúde. A dona do café em Montrouge gosta que Carolina esteja ali. Os clientes estão felizes, ela se enturma com facilidade. Ricardo a princípio acha que ela é brasileira, depois fala com ela em espanhol. Com a mesma fluência com que fala português, francês, inglês e, em breve, polonês. Na tarde em que eles voltam a se ver, Carolina precisa cuidar do sobrinho. Ricardo propõe levar os dois ao parque. Ele joga futebol com o menino, compra sorvete para ele e se diverte. Ela fica comovida com aqueles gestos, o julga gentil, ambicioso, sério. E é assim que, depois de uma suposta briga com o colega de apartamento, Ricardo aparece na casa dela uma manhã com uma pequena mala em busca de um lugar temporário para ficar. Ele diz que buscará suas coisas mais tarde, com um Peugeot: ternos Armani, Hugo Boss, dos quais ele fala muito, e que ela nunca verá.

Carolina é secretária de um escritório de advocacia em Boulogne. Eles dividem as despesas, o aluguel, *ele até exagera*. Ela se sente tranquila com seus rendimentos regulares. Os anos começam a passar: um, dois...

Ele se orgulha do modesto, porém imaculado, apartamento que eles dividem, com piso branco e cozinha planejada, que ele fotografa em todos os detalhes e envia para a (verdadeira) mãe no Brasil. Principalmente os eletrodomésticos. *Mais tarde, vamos morar em uma casa em Issy-les-Moulineaux*, promete a Carolina. Ele também planeja se mudar para Manhattan, onde sua família tem um apartamento. Ele a adverte: em Nova York, tudo é muito diferente, ela terá que se adaptar, levará alguns meses. Mas será legal, ela poderá correr no Central Park.

É no pequeno apartamento de Carolina em Montrouge, enquanto ela trabalha, que Ricardo recebe Marianne, no início. Ele diz que divide o apartamento com um antigo colega da Médicos Sem Fronteiras. Eles não ficam muito tempo no apartamento, mas o suficiente para Marianne ver que ele tem um teto, uma vida. Quando ele se muda para a casa dela, objetos começam a circular entre seus quatro ou cinco domicílios parisienses e poloneses: presentes, bilhetes carinhosos e até mesmo comida.

Reconstituo o percurso de alguns desses objetos. Uma manhã, Marianne prepara uma torta de azeitonas para a equipe noturna do hospital. É Carolina quem a recebe ainda quente, da parte da esposa de Jean-Yves, colega de Ricardo na Peugeot. Às vezes, uma das mulheres deixa para Ricardo um bilhete carinhoso, com um coração, uma frase amorosa, o tipo de coisa que deixa a pessoa com um sorriso no rosto: *Tenha um bom dia. Ansiosa para te ver. Até logo, meu amor*. As mesmas frases aparecem na geladeira de Nicole, de Carolina, em breve na de Kasia, adaptadas para espanhol ou polonês: *Dzień dobry, Buenos días mi amor*. As mulheres ficam comovidas com essas provas de amor.

Ele também tem uma bíblia. Quando está com Carolina, Ricardo nunca se separa dela. É muito religioso. Jura muitas coisas pelo livro sagrado. Reza de pé, por muito tempo. Mas quando vai para a casa das outras, ele deixa a bíblia em Montrouge ou a esconde. Essa é uma conversa que Ricardo tem várias vezes com Marianne: ele é claramente ateu, e este é inclusive um ponto de discórdia com a família dela. Às vezes ele se atrapalha, esquece a bíblia ou se enrola por um segundo, mas depois se recupera com uma desculpa esfarrapada.

*

Para o Ano Novo, Ricardo organiza uma viagem ao Brasil para apresentar Carolina à família, pois eles pretendem se casar. Eles planejam tudo, escolhem as datas cuidadosamente, tiram férias, organizam uma parada na casa amarela, avisam os pais, é claro. Ele pega o passaporte, compra as passagens de avião. Falam sobre isso por semanas, pensam em cada detalhe, estão animados. Infelizmente, alguns dias antes da partida, ocorre um imprevisto na Peugeot, uma emergência: ele não pode deixar a equipe no limbo, sua presença é indispensável. Ele fica frustrado, mas precisa cancelar a viagem. Todos ficam muito decepcionados, ele em primeiro lugar.

Com Marianne, é o oposto. Como ela está grávida, parece mais prudente evitar um voo longo e trazer parte da família dele para a França: o pai, uma das irmãs e um sobrinho. Novembro parece uma boa data, um pouco antes das festas. Depois de alguns dias em Paris, eles pretendem passear pela França, ir para a região sudoeste, encontrar a mãe de Marianne. Hotéis são reservados, passagens de trem compradas, a mãe de Marianne planeja algumas visitas turísticas. O projeto ocupa a todos, consome seus tempos e tem um lugar central em suas conversas diárias.

Tenho certeza de que ele planeja essas viagens com método, que realmente procura os melhores voos para os supostos pais, encontra promoções e antecipa dificuldades que, embora imaginárias, se apresentam de forma muito concreta. Precisaríamos inventar uma palavra, idealmente em alemão, que seja o oposto de nostalgia, de *saudade*, para descrever essa euforia da antecipação, esse prazer em se projetar e tentar dominar da melhor maneira possível um futuro que, na verdade, nunca acontecerá. Um amigo germanista me sugere *Vorbereitungsfieber*, algo como "o prazer dos preparativos". Vou tentar me lembrar.

Ricardo com frequência sugere a Marianne que fale com o pai dele ao telefone. Ou então é Francisco que insiste em falar com ela. Mas Marianne não se sente confortável em português, e o pai balbucia poucas palavras em francês. Seria absurdo. O que cai bem. Mas ela gosta de ouvir as conversas entre eles, como ondas sonoras familiares que envolvem seu cotidiano.

Uma vez, ela se divertiu gravando uma dessas conversas com o celular, que colocou discretamente em cima da mesa. Ricardo está ligando para o pai para contar sobre a gravidez. Ela julga aquele momento tocante e quer guardá-lo na lembrança, para lhe fazer uma surpresa. A conversa dura cerca de vinte minutos. Marianne a toca para mim. É um documento sonoro vertiginoso, o mais atordoante de todos, porque me dá a impressão de estar na presença de Ricardo, de vê-lo em ação. As narrativas das mulheres podem ser filtradas, fixas, repetitivas, mas aquela ligação oferece um acesso único a uma experiência direta.

Primeiro, Ricardo tenta fazer o pai adivinhar a novidade. Ele menciona que já tentou ligar duas vezes, mas que Gloria (a empregada imaginária, suponho) atendeu. O pai parece pensar no apartamento que eles querem comprar e oferece dinheiro, pois Ricardo responde: *Não, pai, não é isso, não é o apartamento, pai. Não, eu não preciso de...* Ricardo também menciona a herança da mãe, que está em andamento, o seguro de vida que ele deve receber. E então ele faz seu anúncio: *você vai ser avô de novo.* Momento de silêncio, e de emoção. *Menino ou menina? Ainda não sabemos... é cedo demais, pai.* Ricardo pontua e concorda fazendo *hum hum*, com exclamações de *sim, pai*, suspiros. Ele dá risadinhas, aprovadoras ou constrangidas. E, é claro, momentos de silêncio quando o pai fala, embora não muito: quando se ouve com atenção, Ricardo quase não fica quieto. Depois, ele volta a falar sobre a viagem de novembro à França. E volta a mencionar o futuro apartamento com frases como *na verdade, não, ela não quer baixar o preço por enquanto.* Ele encerra a ligação dizendo *beijos, pai.* No áudio, ouvimos os sons da cozinha, a vida cotidiana de um casal feliz. Ao desligar, ele diz que seu pai chorou.

Esse é um momento que Marianne guarda como uma boa lembrança. Ao ouvir a conversa de novo, ela ainda a recorda como um momento de felicidade simples e franca. Mesmo sabendo que foi tudo uma encenação e que não havia ninguém do outro lado da linha, ela foi feliz naquele momento, e esse sentimento agradável atravessa os anos, sem ser manchado por falsidades ou engodos. Ela mesma fica surpresa com isso. Essa lembrança me faz perguntar: como essa emoção pode permanecer intacta em sua memória, por que sua percepção permanece inalterada embora baseada em uma ilusão? O prazer, a alegria, a raiva, a tristeza são completamente independentes do verdadeiro e do falso? Quando leio *Anna Karenina* ou assisto a *Um estranho no ninho*, sei muito bem que nada daquilo existiu, mas ainda assim fico triste, choro, me emociono. Mesmo que o objeto seja ficcional, a emoção é muito real. A verdade, portanto, não entra na conta. Talvez devêssemos apenas falar de emoções adequadas, emoções apropriadas, em oposição às que seriam falsas, sem relação com seu objeto ou inadequadas. Seria apropriado rir de algumas piadas, mas não rir de outras, por exemplo. Isso, de certa forma, pressupõe que as emoções representem valores que existem no mundo, como o que é engraçado ou não, o que é triste ou não. Mas nem todos os especialistas concordam a esse respeito.

Quando me perco nesse tipo de raciocínio, percebo que meu amigo Ruwen Ogien me faz ainda mais falta do que o habitual. Esse filósofo engraçado e brilhante, autor de livros tão geniais quanto *L'influence de l'odeur des croissants chauds sur la bonté humaine* [A influência do cheiro de *croissants* quentes na bondade humana], saberia me dizer se existem emoções verdadeiras ou falsas, ou formular a pergunta de maneira diferente, dando exemplos engraçados. Ele morreu em 2017, no ano em que conheci Marianne, e desde então me sinto perdida: era o homem mais inteligente e menos pretensioso que já conheci. Ruwen lia o que eu escrevia quando eu lhe pedia e, se necessário, escrevia por mim. Isso não aconteceu muitas vezes, mas quando aconteceu, eu não me importava em assinar textos escritos por outro, era até melhor: ao menos não tinha a menor dúvida sobre sua qualidade! Essas pequenas imposturas me fizeram saborear a alegria de ser outra pessoa, de apresentar uma versão *upgraded*, melhorada, de mim mesma. Uma ou duas vezes fui uma filósofa engraçada e brilhante. Não sei quem acreditou, mas eu gostei bastante.

Ricardo não se preocupa com esse tipo de questionamento, teórico ou prático. Às vezes, ele só precisa esperar, não fazer nada, para que as soluções se apresentem: uma semana antes da chegada de sua família à França para conhecer Marianne e seus pais, os ataques ao Bataclan e aos cafés parisienses mudam todos os planos. Renata, sua irmã, fica horrorizada. Seu pai não se sente tranquilo. E como pelo menos vinte por cento dos turistas à época, eles decidem cancelar a viagem. Que azar.

*

Felizmente, temos Jean-Yves.

Pois nada disso seria possível sem Jean-Yves, o amigo, o compadre, o chefe, o sócio, o companheiro no hospital de Colombes, o coordenador humanitário, o colega na Peugeot, o parceiro para todas as horas.

Rapidamente, Jean-Yves adquire um papel central na vida das mulheres de Ricardo. Ele pode fazer tudo, justifica tudo, serve para explicar tudo. Para Marianne, ele é o colega da Médicos Sem Fronteiras que sugere a Ricardo se mudar para a França, e depois seu colega de apartamento quando ela o conhece. Para Carolina, Jean-Yves é um colega de trabalho onipresente. Em solidariedade a Jean-Yves, preterido em uma promoção que ele merecia tanto quanto Ricardo, este último pede demissão da Peugeot.

Reservado com Carolina, Jean-Yves também tem uma esposa, igualmente imaginária, mas que exige muito de seu marido e do melhor amigo de seu marido. Quando Carolina encontra o primeiro ultrassom da gravidez de Marianne na bolsa de seu companheiro, é a esposa de Jean-Yves que está esperando um filho. Jean-Yves deu a Ricardo a pequena imagem impressa, dizendo: *Tome, a primeira foto do seu afilhado!* Jean-Yves também viaja muito. Ele vai para a Polônia, a Eslováquia. Ele pode ser encontrado na Argentina, na Espanha. Ele nunca foi ao Brasil. Mas adora torta de azeitona.

Cada vez que Carolina sugere convidá-lo ou que os quatro se encontrem em um restaurante, surge um problema. Mas em uma noite de 14 de julho, dia da Queda da Bastilha, Ricardo finalmente convida a companheira a conhecer Jean-Yves e a esposa para tomar um drinque. Carolina se arruma, se maquia, se veste bem. O encontro é marcado na Torre Eiffel para ver os fogos de artifício; depois eles irão a um bistrô das redondezas. Mas quando a jovem chega ao Champ-de-Mars, a multidão é densa e barulhenta. Ela abre caminho, procura ao redor, examina potenciais Jean-Yves, tenta ligar para Ricardo que não atende, espera mais uma hora, sem encontrar o namorado nem o amigo do namorado. Então volta para casa, desapontada, envergonhada e desconfiada. Ele está em casa e pede desculpas: eles a procuraram por todo o Champ-de-Mars e não a viram, ele tentou contatá-la, mas estava sem rede no celular. A esposa de Jean-Yves ficou muito frustrada. Todos foram embora.

Hoje, olhando para trás, Carolina acredita que ele nem tenha ido à Torre Eiffel naquela noite, que provavelmente estivesse com outra pessoa. O que me surpreende, e que acho ao mesmo tempo triste e comovente, é que ela não tenha certeza, uma dúvida permanece. E nessa pequena brecha infinitamente humana está todo o mal que ele causa.

É preciso dizer que Carolina é uma garota simpática que já foi muitíssimo enganada pelo primeiro marido. Depois de Ricardo, a coisa continuou. Os homens que ela conhece a traem com mulheres que desconhecem sua existência, eles mentem para ela, a enganam, a abandonam. Por que esse padrão se repete? Qual é a parte dela nisso? Alguns podem pensar que há algo em sua personalidade, em seu comportamento, que a identifique como uma mulher a ser maltratada, da mesma forma que as mulheres que sofrem agressões teriam um gosto por homens violentos. Em suma, ela seria um pouco culpada, haveria um "perfil de vítima", um traço de caráter que nos predisporia, a elas, a mim, a estabelecer vínculos com homens mentirosos, desonestos, brutais. Obviamente, não é nada disso. Marianne, Nicole, Carolina, as outras e eu mesma não temos muito em comum. Não sou uma garota bacana como

Carolina, nem tão gentil e alegre quanto ela. Marianne é o oposto, cerebral, muito centrada, artista. Socialmente, pertencemos a grupos muito diferentes, temos histórias, famílias, origens diversas. E Kasia, você vai ver, é singular, não é o mesmo tipo de mulher nem vive no mesmo ambiente que as outras. Racional, desconfiada, passional, tem uma personalidade complexa.

O que é certo, no entanto, é que esse tipo de experiência não ajuda. Ela deixa marcas, destrói a autoestima e cria uma espécie de matriz. O risco de as vítimas reincidirem, por assim dizer, de ficarem presas no mesmo padrão de vitimização, se multiplica depois do primeiro trauma. Entramos nessa pele como uma luva. Hábito é seu outro nome: ele se estabelece sem ser convidado, como um invasor indesejado, um parasita. É o que os psicólogos chamam de "revitimização", cujos riscos são elevados nos casos de violência doméstica ou abuso sexual. A comparação com as vítimas de Ricardo não é completamente absurda: ele abusa delas com grande violência. Então, para sair desse padrão, o que os especialistas recomendam? Devemos nos tratar? Brigar? Nos vingar? Obter justiça? Agir – mas como? Conseguimos enxergar as causas, mais ou menos, mas e depois? Leio muita coisa sobre o assunto. Teorias cognitivas e comportamentais explicam, por exemplo, que o estado de choque e o medo de sofrer reduzem nossa capacidade de proteção. Essa é uma pista interessante, que se aplicaria bastante bem às mulheres enganadas e traídas. Para se precaver, alguns psicólogos recomendam especialmente o "coping", literalmente "lidar com", um conjunto de estratégias e ajustes que visam reduzir o risco de reincidência: o coping adaptativo, o coping proativo e o coping defensivo. Ele basicamente envolve informar-se, manter-se vigilante e consultar um psicólogo. Julgo essas abordagens muito passivas, não gosto muito desse aspecto do desenvolvimento pessoal. Elas não respondem adequadamente à pergunta "o que fazer?", que me atormenta e à qual este livro tenta responder, de certo modo.

*

Minha investigação segue um rumo singular quando Nicole me relata o seguinte episódio, que Ricardo lhe confidenciou.

Ao nascer, seus pais não chegaram a um acordo sobre seu nome. A mãe queria que ele se chamasse Daniel. O pai insistia para que o filho se chamasse Ricardo. Segundo o pai, em homenagem a Ricardo III. Desse desacordo, o pai sai vitorioso em algumas versões (com Carolina, ele se chama Ricardo, que é seu verdadeiro nome) e perdedor em outras (com Marianne, ele se chama Alexandre, com Nicole, Daniel). Seja como for, o importante é que o fascínio de seu pai pelo personagem de Ricardo III permanece: ele o considera um modelo, uma figura tutelar. Será que Nicole sonhou? Ou eu? Ele realmente disse isso?

Retorno ao livro, mas minhas lembranças estão corretas: Ricardo III é de fato o rei tirânico, deformado, sanguinário, o soberano mais odiado da história da Inglaterra, assassino reincidente, responsável pelo assassinato do irmão, dos dois sobrinhos (cuja mãe ele tenta desposar, mesmo assim). Mais perturbador ainda, Ricardo III é, para Shakespeare, um ser feito de matéria informe, movediça, um homem sem substância, condenado a se metamorfosear e destinado a nunca ser ele mesmo. Releio, chocada, o monólogo de Ricardo de Gloucester (seu nome antes de se tornar Ricardo III) no final da peça *Henrique VI* – que ele, aliás, acaba assassinando.

*Ora! Posso sorrir e matar sorrindo; posso aplaudir o que me fere o coração, e molhar minhas bochechas com lágrimas falsas, e adaptar meu rosto a qualquer ocasião; sou capaz de afogar mais marinheiros do que a sereia, lançar mais olhares assassinos do que o basilisco, ser tão eloquente quanto Nestor, enganar com mais arte do que Ulisses e, como Sinão, conquistar outra Troia; posso dar cores ao camaleão, mudar de formas melhor do que Proteu e dar aulas ao sanguinário Maquiavel.**

Essas palavras me gelam o sangue. Ao pensar no que habita a imaginação de Ricardo, pela primeira vez percebo que ele é perigoso. Reconheço seus *olhares assassinos*, suas *lágrimas falsas*, o camaleão que muda de forma *melhor do que Proteu*. De repente, ele me lembra em tudo Ricardo III, destinado a se metamorfosear indefinidamente e capaz de *dar aulas ao sanguinário Maquiavel*. Sua habilidade de mudar de máscara, de imitar os sentimentos mais variados, de *enganar com mais arte que Ulisses*, de chorar, suplicar, ameaçar, de entrar na pele de um cirurgião torácico, de um fotógrafo argentino e de um engenheiro espanhol, de representar essas vidas em seus mínimos detalhes, me aterroriza. Me volta à mente o medo de que meu pseudo-editor inglês venha me matar no meio da noite depois que descobri que ele tinha inventado grande parte de suas atividades. Na época, a sensação de perder o chão sob meus pés vem acompanhada pelo sentimento de perder todas as minhas certezas e deixar para trás toda a estabilidade

---

* In William Shakespeare, *Œuvres complètes*, trad. François-Victor Hugo, Pagnerre, 1873, 13 (p. 7-57).

de minha vida. Depois daquilo, tudo é possível. É o argumento da ladeira abaixo: se ele é capaz de dissimular a esse ponto, até onde ele pode chegar, o que mais ele está escondendo? Do que ele é capaz? Do pior, sem dúvida.

*

Por enquanto, o pior de que tomo conhecimento deveria me tranquilizar. Ricardo teria no máximo comprado uma identidade falsa na Espanha, cometido alguns furtos no Brasil e feito vários empréstimos não pagos. As quantias não ultrapassam alguns milhares de reais. Nenhum sinal de assassinato, fratricídio ou parricídio, torturas ou atos de barbárie. O que de forma alguma minimiza a violência de suas mentiras, sua capacidade destrutiva, nem seus roubos e abusos de confiança, mas não o torna um assassino ou um *serial killer*.

O que aconteceria, porém, se ele fosse desmascarado? Encurralado? Até agora, diante da verdade, ele fugiu ou negou. Quando Marianne e Carolina o confrontam, ele aproveita para inventar novos cenários, com base em personagens ciumentos, colegas apaixonadas, inimigos que querem prejudicá-lo. Às vezes, ele antecipa esses confrontos e prepara as bases de sua defesa, fundamenta as narrativas, como já vimos.

Mas imaginemos, por exemplo, que alguém escreva um livro sobre ele, um livro que ele não possa apagar ou reescrever, e a partir do qual ele não possa inventar nada. Jean-Claude Romand, ao ser posto contra a parede, sem poder mais escapar da verdade, cheio de dívidas, viu uma única solução: eliminar as testemunhas. Alegou ter assassinado toda a família (e o cachorro) com o altruísta desejo de poupá-los da terrível descoberta, mas só ele acredita nisso. Aliás, embora tenha dito que pretendia tirar a própria vida, continua bem vivo. Se ele matou *sorrindo* como o herói de Ricardo, não sabemos. Mas tudo me leva a crer que a violência e o crime são a resposta mais lógica à perda da máscara, ao fim da(s) ficção(ões).

É verdade que Carolina conhece um homem calmo, tranquilo, que coloca fones de ouvido quando ela fica irritada ou pede explicações: ele espera que passe. Marianne também não tem nenhuma lembrança explosiva. Mas elas são as duas mulheres que menos o ameaçam: não são nem desconfiadas, nem psicólogas. Com Nicole e Kasia, é outra história. Elas mencionam explosões de agressividade incontroláveis, em momentos inesperados. Ricardo fica furioso de maneira aparentemente incompreensível.

O que o deixa furioso com Nicole é o deboche. É verdade que ela não leva muito a sério a comédia romântica que ele serve diariamente. No dia em que ele a pede solenemente em casamento, *de joelhos*, ela acha engraçado e leva a situação ao extremo: abre sua agenda e sugere o pequeno intervalo entre meio-dia e duas horas da tarde na segunda-feira da semana seguinte, *tem um horário vago*. Ela zomba dele. Ele não ri, se levanta, grita que ela é uma idiota e sai batendo a porta. É como se alguém tivesse quebrado seu brinquedo. Outra vez, ela percebe que um grande botão do casaco de Ricardo caiu. Olhando a roupa de perto, vê que o botão estava preso apenas com fita adesiva. Ela ri desse remendo barato que parece coisa *de sem-teto*. Além de esse comentário o deixar furioso, ele grita que o botão não é seu. Mesmo que de fato falte um botão em seu casaco e que os outros botões sejam exatamente iguais ao que ela recolheu, Ricardo grita que ela está falando besteira. *Esse botão não é meu!* Por mais que seja psicóloga, essa negação de algo sem importância a deixa perplexa. Quem sabe o que essa história do botão traz à tona como lembrança, em que ponto ele perde o controle e deixa de ser o homem calmo e imperturbável descrito por Marianne e Carolina? Nicole conclui que a maneira de Ricardo impor aos outros o que ele pensa, em vez de aceitar lidar com uma realidade inaceitável, apesar das evidências, assume uma forma totalitária. Ele reivindica sua liberdade de forma delirante.

Quando conheço Kasia, ela se lembra de algo parecido, durante um passeio pelo centro de Cracóvia. É um dia bonito, a primavera acabou de se manifestar, mas Ricardo está tenso, nervoso. Ele a repreende por ser séria demais, fica irritado por nada. De repente, ele ataca seus óculos de sol. Ele se enfurece, berra: por que está usando óculos espelhados? Ele quase os arranca de seu rosto. Torna-se uma pessoa completamente diferente, uma pessoa que faz escândalos. Ela não acredita: algo deve ter acontecido, algo que lhe escapa. Estranho. Mas ela não pensa mais nisso, hoje tampouco. Ela não faz ideia. Cogito todo tipo de hipóteses mais ou menos verossímeis. Talvez ele tenha se visto no reflexo dos óculos, e essa duplicata distorcida o tenha assustado. Ou talvez não tenha suportado o que ela escondia atrás das lentes, seus olhos, seus pensamentos, o que sabe sobre ele. A menos que esses óculos da moda dos anos 1980, época de sua infância, o façam lembrar-se de uma experiência ruim, um trauma, alguém. Enfim, eu também não sei. Mas me agarro a esses detalhes perturbadores, a esses grandes grãos de areia que emperram a engrenagem de seus personagens, para me precaver e me incitar a uma grande cautela na hora de abordar Ricardo, se um dia eu vier a conhecê-lo.

3.

Cada profissão que Ricardo inventa para si – fotógrafo, engenheiro, cirurgião, médico humanitário, policial – tem um duplo propósito: personificar um sonho universal adaptado às mulheres que seduz e liberar seu tempo.

Com Marianne, está fazendo uma formação em cirurgia pediátrica na cidade de Toulouse uma semana por mês, além dos plantões noturnos no hospital. Com Nicole, está em missão no exterior, principalmente no Sudão, do qual retorna com cheiro de pólvora e aventura. Na Peugeot, visita fábricas na Polônia, na China, onde infelizmente quebra uma perna e fica retido no país por várias semanas. Quando volta, está usando um gesso. Carolina compra muletas para ele. Por semanas, Ricardo caminha com dificuldade, pelo menos quando está com ela. (Mas o que ele faz com as muletas e o falso gesso quando muda de apartamento duas ou três vezes no mesmo dia? Pois nenhuma outra mulher menciona uma perna quebrada, muito menos um gesso. Talvez ele tenha um esconderijo em algum lugar, uma casa de máquinas no prédio de Carolina?)

Tento imaginar como seus dias são organizados. Ele se levanta muito cedo e aproveita essa vantagem sobre o comum dos mortais para organizar as ideias, antecipar, ensaiar papéis, criar documentos. Ele também administra, calcula.

E aprende. Movimenta-se. Mas para onde vai? Frequenta bibliotecas? Cafés? Parques públicos? Devo imaginá-lo contemplativo, um pouco depressivo, como Emmanuel Carrère imagina Romand, melancólico e solitário, passando os dias em postos de gasolina ou dirigindo pela floresta? Ou mais urbano, ativo, criativo, como Frank Abagnale, o protagonista do filme *Prenda-me se for capaz*, de Spielberg, que se inspira na história de um falsificador genial que acaba sendo contratado pelo FBI? Eu tenderia para o segundo, especialmente porque Ricardo adora esse filme, que insiste em ver e rever com Marianne e Carolina – sem que esse entusiasmo desperte a desconfiança delas. No filme de Spielberg, Leonardo DiCaprio interpreta um personagem incrível que não apenas finge ser piloto e médico como também consegue, sem diploma ou treinamento, *exercer* a medicina e embarcar regularmente em aviões com uniforme de piloto. Ele tira proveito das facilidades concedidas pela PanAm a suas tripulações, que tinham o direito de usar todas as rotas para chegar a seus postos de trabalho. Dizem que Frank Abagnale, entre os dezesseis e os dezoito anos, percorreu dessa forma um milhão de quilômetros em mais de duzentos voos por cerca de trinta países. Ele também se hospedava em hotéis de luxo às custas da PanAm.

Começo a imaginar que Ricardo realiza o mesmo tipo de façanha. Que meu impostor tem a classe de Abagnale e a beleza de DiCaprio. Talvez também suspire imaginando golpes mais espetaculares, imposturas de primeira classe, falsificações que rendem milhões. Mas só sabe enrolar as mulheres com mentiras, enganá-las com palavras, falar e falar. Não é um homem de ação. Tem, é verdade, o charme latino, a estatura imponente, o porte elegante, um lado moreno misterioso que sempre funciona. Mas não é um colecionador, um Don Juan que seduz e abandona, que acumula mulheres como vitórias, capitulações. As que conheço não formam uma coleção de troféus destinados a impressionar os outros ou a inflar seu ego. Quanto a seu apetite sexual e a seu desempenho na cama, que poderiam ser um motor para ele e uma motivação para suas companheiras, ainda não me atrevo a fazer muitas perguntas a respeito, mas tenho a intuição de que esse ponto não é o essencial. Sua vida material já é suficientemente complexa.

*

Quando ele anuncia que vai sair da Peugeot em solidariedade a Jean-Yves, a rotina com Carolina sofre duramente. Diante dos boletos, do aluguel, das despesas do dia a dia e de apenas um salário de secretária, o casal não consegue equilibrar o orçamento. A jovem arranja um segundo emprego, à noite, como garçonete em um café nas proximidades. Ricardo, para conseguir um novo emprego, precisa traduzir e autenticar seu diploma de engenheiro brasileiro. Três mil euros. Carolina lhe empresta o dinheiro, se endividando por anos com vários amigos.

Com Marianne e Kasia, ele começa assumindo metade das despesas domésticas, equitativamente. No entanto, durante uma viagem de trem com a primeira, ele perde a carteira e, dentro dela, os cartões de crédito e o passaporte. Refazer tudo leva um tempo considerável, durante o qual Marianne concorda em arcar com as despesas pessoais do companheiro, além das do casal. Ela está prestes a ter um filho com Ricardo, como não confiaria nele?

O que concluo é que Ricardo financia parte de sua existência com uma espécie de malabarismo financeiro, um esquema de pirâmide de Ponzi que envolve somas não muito elevadas: pega emprestado de Carolina, de Marianne, de Kasia, de Nicole, depois reembolsa as companheiras uma a uma, desembolsando uma pequena quantia a cada vez. Multiplicando o número de parceiras e de empréstimos, esse sistema não pesa muito para nenhuma delas. Mesmo assim, se ele não trabalha e não tem nenhuma renda pessoal, não entendo como esse sistema possa ser suficiente para pagar suas roupas, seu celular, suas passagens aéreas e suas refeições, quando está sozinho. Embora eu compreenda mais ou menos como ele administra suas múltiplas vidas com uma série incessante e prolongada de viagens de trabalho, a maneira como as financia continua sendo um mistério.

Decido, então, seguir essa pista: o dinheiro. Entre os anexos recuperados por Marianne em e-mails, examino um extrato bancário elaborado pelo próprio Ricardo. É um documento precioso, um arquivo fascinante: dois meses de supostas movimentações de uma conta no BNP Paribas, destinadas a ser encontradas por Marianne, pois os salários provêm da APHP, a Assistência Pública dos Hospitais de Paris. Cada entrada de crédito ou débito é imaginada, nomeada e numerada por Ricardo com igual minúcia e ingenuidade. Ele cria uma falsificação e sonha com ela. É como se eu pudesse vê-lo pensando. A conta é bem abastecida e documenta uma vida segura, confortável, burguesa: no final de novembro, ele tem 5.838,80 euros em conta e, em dezembro, 6.463,22 euros. No dia 25 de cada mês, ele recebe uma transferência intitulada "Salário A. Public Hôpital Paris": 5.849,35 euros em outubro, 6.239,21 euros em novembro. Ele recebe "Gastos de deslocamento" mensais de 35 euros. Há "Reembolso de empréstimo" e "Juros sobre empréstimo" de 89,50 e 7,80, respectivamente.

Que empréstimo? De quem? Qual o valor? As descrições são vagas. Em meus extratos, por exemplo, eles são indicados como PARC EMPR CAP seguido por duas linhas de números, incluindo o saldo devedor (bastante elevado). Ricardo também paga um "Seguro de vida" de 94 euros por mês. Mas não há menção a nenhum nome de seguradora, número de apólice ou identificação. Me pergunto, aliás, em benefício de quem ele teria contratado um seguro de vida. Marianne lembra que, estranhamente para um homem de quarenta anos, o fim da vida sempre foi uma fonte de ansiedade para Ricardo. Ele tem pavor da ideia de envelhecer sozinho e morrer na miséria. Talvez ele pense que um seguro de vida o poupará de acabar em um asilo. A menos que esteja pensando em um seguro funeral, que o livraria da vala comum? Mais abaixo, uma linha de 285,15 euros indica "Quitação LUZ-GÁS", denominação consideravelmente diferente das minhas DEB AUT LUZ ou DEB AUT GÁS. Em tudo, as informações são insuficientes, imprecisas ou fantasiosas. Em extratos bancários não existem "Saques cartão de crédito" de 200 euros. Meus saques mencionam o número do cartão e a localização do terminal de autoatendimento da seguinte maneira: RETRAIT DAB 2208 LECLERC ST AUN 80,00 BNP CARTE 46503828. Sem falar da entrada denominada "Reembolso Segurança Social", de 35 euros por mês, em vez de VIR CPAM 75 PRESTATIONS.

No total, os dois meses cabem em apenas uma página, cada um contendo exatamente treze operações. Em meu extrato do mês passado – e infelizmente ganho bem menos do que ele –, há 53 operações em um único mês. É possível que Ricardo tenha tido uma conta bancária na França, mas ele nunca recebeu reembolso da Segurança Social, nunca reembolsou um empréstimo e nunca pagou uma conta de luz.

Por outro lado, preciso imaginar um brasileiro que chegou a Paris há apenas dois anos sem falar ou escrever uma palavra de francês. Ele não tem documentos, cobertura social ou endereço fixo. Alguns meses depois, ele fala bem o suficiente para saber que se diz Sécu, APHP, e para querer um seguro de vida. O Photoshop é habilidoso. A clareza e a determinação com que ele detalha essa vida imaginária são impressionantes. Ele deixa o documento de jeito a que Marianne possa passar os olhos pelo papel, sem querer ser indiscreta. Ela só confere o valor dos salários. E fica tranquila.

*

Vasculhando suas coisas, Carolina desenterra um contracheque que me parece muito mais autêntico. O empregador é uma agência de trabalho temporário em Paris. O cargo listado é de "auxiliar de pedreiro", o sobrenome é Alexandre e o primeiro nome é Ricardo. O trabalho dura um mês e o salário bruto é de 1.741,19 euros. Três adiantamentos são pagos em dinheiro, 740 € no dia 14, 200 € e 600 € no dia 28. No final do mês, restam apenas 10,50 €. Quando Carolina exibe sua descoberta, Ricardo responde que não trabalhou nesse canteiro de obras, apenas emprestou sua identidade a outro amigo, Leonardo, que estava com problemas.

A agência de trabalho Intérim 2000 é uma dessas lojas impessoais do Boulevard de Sébastopol, em Paris, onde se contratam homens por dia ou por mês, como costuma acontecer nos bairros populares das grandes cidades do mundo. Os contratantes não são muito rigorosos com os documentos de imigração, ávidos por mão de obra e músculos para construir torres imponentes, a Grande Paris ou as infraestruturas dos Jogos Olímpicos. Uma compacta fila de espera se estende na calçada. A porta é fechada à chave para conter o número de homens que entram, um por um. É sexta-feira, percebo que é dia de pagamento ou adiantamento. Mesmo esperando na fila, não tenho a menor chance de falar com a funcionária que se protege da miséria da rua. Volto na terça-feira seguinte com o contracheque. A jovem, imbuída do extremo sigilo de sua missão, me cumprimenta, cética, atrás de um balcão que esconde suas mãos. Mostro o documento e pergunto se ela pode encontrá-lo em seu sistema. Se eu quisesse consultar um documento confidencial da CIA, ele seria menos ultrassecreto. Para convencê-la, conto com ênfase a história dessas mulheres, a astúcia do sujeito, tento despertar sua veia feminista. Sem sucesso. Sua reação é inflexível: se aquelas mulheres não viram nada, é porque não quiseram ver. Há sinais que não enganam. Quem procura acha. O que ele faz sem dúvida é ruim para as mulheres, ela acrescenta, mas é como as mulheres que saem com homens casados. Elas quiseram.

Como não há ninguém na fila, tento outra abordagem: faço algumas perguntas. A atendente vem de uma família trabalhadora, seu pai é eletricista, seu marido é açougueiro em Boulogne. Ele é gastador, mas ela tem os pés no chão. Em seu trabalho, ela vê nomes borrados ou repetidos todos os dias: senegaleses ou malineses que mudam de identidade como quem troca de camisa, documentos pouco convencionais, conversas fiadas de todos os tipos. Ela até se lembra de um brasileiro que se fazia passar por padre e pregava a palavra nos canteiros de obras. Compartilho fragmentos de minha vida com ela, para ficarmos quites, mas, acima de tudo, escuto. Ela relaxa. Não muito, porém. No fim, ela concorda em usar seu computador pré-histórico. Ricardo trabalhou mesmo para a agência em um canteiro de obras por seis meses, em 2014. Ela verifica que ele pedia adiantamentos todas as semanas. E que o contratante era uma grande empresa de construção civil. Fico ansiosa para saber o nome da empresa, explico a ela que seria muito interessante encontrar alguém que tenha conhecido esse homem na vida real, que possa me dizer quem ele é de verdade, um amigo, um mestre de obras, um colega... Mas as concessões da funcionária àquele segredo de Estado não chegam tão longe. Não saberei mais nada. Depois que minha impaciência passa e que consigo digerir minha decepção, entendo que a cautela da jovem apenas mascara todas as práticas ilegais que sua integridade a impede de revelar.

Porque Ricardo, tecnicamente, como muitos outros trabalhadores temporários, não tem documentos: seu visto de turista, se é que ele teve um, provavelmente expirou há muito tempo. Portanto, ele não tem permissão para trabalhar e, pior ainda, pode ser deportado. O falso documento de identidade espanhol que ele adquiriu não resistiria a dois minutos em uma fiscalização policial. Ele o usa para circular dentro da União Europeia, pois o papel só é verificado pelas companhias aéreas, que conferem se a identidade do passageiro corresponde ao nome no bilhete. Segundo esse documento, ele vive perto de Valência e se chama Ricardo Alexandre Coello. O documento também apresenta os nomes de seus pais: um "z" curiosamente aparece no final do sobrenome de sua mãe, "Diaz" em vez de "Dias". Na realidade, essas consoantes não estão lá por acaso: é de propósito que ele escreve seu sobrenome Coello às vezes com um "l", outras vezes com dois "l", ou até mesmo com um "h". Pequenas variações ortográficas que, aos poucos, criam um embaralhamento administrativo. Elas permitem alegar um erro de digitação – ops, um erro se infiltrou sorrateiramente! – e causar um verdadeiro caos nos sistemas de informação. A linguagem binária não tem imaginação. Entre um z e um s, com ou sem h, surgem pessoas completamente diferentes, mas possivelmente semelhantes, nem exatamente as mesmas, nem exatamente outras.

Para se reintegrar à existência legal, o mais simples seria, é claro, casar, o que Ricardo planeja teatralmente com todas as companheiras, com mais ou menos sucesso. Várias iniciam os trâmites legais. Carolina desiste no meio do caminho, tomada por uma feliz intuição. Marianne e Ricardo vão à paróquia do bairro para uma preparação aos sacramentos. A jovem não é praticante, é pouco religiosa, mas admira o padre Emmanuel Tois, um antigo magistrado que esfrega as mãos com remorso ao relembrar esse encontro do qual guarda uma "pequena ferida no orgulho". Juiz de instrução penal por dezesseis anos, tinha o hábito bem enraizado de não tomar como verdade absoluta a palavra dos acusados. Embora tenha mudado de profissão, o padre Tois continua chocado por não ter detectado a menor contradição durante as duas longas entrevistas que teve com Ricardo. Fica quase admirado. Encontros de uma hora, uma hora e meia, durante os quais Ricardo fala sobre seu pai, juiz no Rio de Janeiro, de sua família muito religiosa, e fica surpreso por não ser expulso quando o padre entende que Marianne está grávida. No Brasil, eles são muito rigorosos quanto a isso. Olhando para trás, é verdade que a reação de alívio de Ricardo foi um pouco exagerada, admite o padre Tois, mas na hora não viu nada de anormal.

Ouvindo esse padre ainda impressionado, e que exagera um pouco o grande talento de Ricardo, percebo que há duas categorias de vítimas. Aquelas que concluem: *Uau, o cara é bom, um gênio, que loucura!* E aquelas, sobretudo mulheres, que tarde demais se rendem às evidências:

Que idiota! Como pude ser tão ingênua! Pobre tola! Estas últimas costumam acrescentar, para manter a dignidade, que logo desconfiaram, que havia sinais. O padre está entre os primeiros. "Quando descobri que ele tinha várias vidas", ele me diz, "fiquei realmente estarrecido. Entendi que fui completamente seduzido por esse homem charmoso que interpretou um papel perfeito."

Quando estudante de direito, o padre Tois havia estudado a questão da mentira no direito penal. Ele me explica que mentir não é, em si, uma infração. Ainda que a mentira possa estar presente em uma fraude, como tal ela não pode ser criminalizada. Não podemos ir a uma delegacia e dizer: "Venho registrar uma queixa porque Fulano mentiu para mim".

O religioso tira de tudo isso uma bela lição: "A confiança é uma coisa bonita", diz sem ironia. Para mim, a dessas mulheres parece seriamente abalada, mas acho que entendo o que ele quer dizer. Ele está falando do desejo de acreditar sem reservas, que é o reverso da necessidade de mentir. Confiança não é apenas uma palavra que Ricardo repete para suas vítimas para ludibriá-las, é acreditar e querer acreditar em uma ficção amorosa, em um romance inscrito em algum lugar de nosso DNA, com palavras que encantam, gestos baratos mas cativantes e bons sentimentos que ilustram um sonho ainda não desmoronado. O padre a reveste de um significado cristão. Ao terminar com Ricardo, porém, Nicole já entendeu a diferença entre o que é dito e o que é sentido: ela sabe que as palavras de amor não são o amor e se culpa por ter acreditado ou desejado acreditar.

Ao se despedir, o padre Tois me confidencia que pensa com frequência nesse homem. Ele me encoraja a encontrá-lo, falar com ele, descobrir o segredo que o atormenta. E também, diz ele, *espero que você faça isso para que cessem os estragos.*

Não sei se encontrar Ricardo pode me ajudar a desvendar seu mistério, e se ele tem um, mas entendo que não devo perder sua pista, que ao menos preciso localizá-lo, para que ele não desapareça para sempre atrás de um emaranhado de identidades fictícias, enrolando mais mulheres. Eu me convenço de que devo continuar essa investigação para evitar que ele faça novas vítimas, porque depois será tarde demais. Mas sei que Ricardo me interessa por razões mais obscuras, sei que estou procurando algo mais vago e mais difuso. Quero saber se há alguém vivendo dentro daquele corpo, se é possível detectar em sua pessoa vestígios de emoção, de sentimento. É possível descobrir de onde vem o mal? Ele tem um começo e, quem sabe, um fim?

Com a multiplicação dos relatos e dos detalhes alarmantes, percebo que esta história, na verdade, abarca muitas das que contei ou encontrei em minha carreira de documentarista, jornalista e autora, chame-a como quiser: ela retoma os mesmos temas, os absorve e os recicla. Depois ela se regenera e renasce sob novas formas, inesperadas e fascinantes. É uma narrativa que contém todas as outras e nunca acaba. Ela é minhas mil e uma noites.

Uma mensagem de voz recebida por Marianne vários meses depois da separação me encoraja a seguir com minha investigação: Ricardo lhe propõe começar tudo do zero. "Me dê uma chance de fazer as coisas direito, você não vai se arrepender. O passado é passado. Mas o futuro pode ser mudado." Ele não tem dúvidas. Dependendo do momento em que fala sobre Ricardo, Marianne sorri ou sente certo desânimo, mas no geral mantém por ele um sentimento materno, uma espécie de ternura compadecida, que nem seus amigos nem sua família entendem. Curiosamente, ela não guarda nenhum rancor. Durante essa conversa, Ricardo menciona um "*corporate flat*" que ele teria "na Eslováquia", onde Marianne poderia encontrá-lo. Ela não sabe a qual empresa o apartamento pertenceria, mas surge uma indicação geográfica. Se as coisas derem errado para ele na Polônia, onde ela o localiza pela última vez, é para lá que ele irá.

*

Kasia é a primeira polonesa que ele conhece. Ela mora em Cracóvia, mas, por enquanto, não consigo encontrá-la. Pode ser que esteja me evitando, que tenha virado a página, que não queira falar comigo. Seja como for, ela parece ter desaparecido.

Começo então a me interessar pela Polônia com muito empenho. Compro livros, procuro contatos, vejo filmes. Tento entender o estado do país, para entender melhor o contexto em que vivem essa mulher e a segunda polonesa de que ouvi falar. O que descubro é sombrio: uma sociedade relativamente fechada, xenófoba, desconfiada; um governo conservador e ultracatólico. Ao sul do país, perto da Eslováquia, Cracóvia aparece como uma cidade provinciana mais aberta, onde vivem muitos estrangeiros trabalhando em *outsourcing*, uma forma de deslocamento do trabalho na qual não são as fábricas que se transferem para Bangladesh ou para a China, mas os serviços que são terceirizados no exterior. Departamentos inteiros de empresas, desde manutenção de computadores até recursos humanos e contabilidade, são dirigidos por poloneses ou estrangeiros que vivem na Polônia sem proteção social, mal remunerados mas cheios de energia, flexíveis, jovens, poliglotas, com espírito de equipe e cada vez mais adeptos do trabalho remoto. No início dos anos 2010, Cracóvia é considerada a "capital europeia do *outsourcing*", ou terceirização. As duas jovens polonesas que Ricardo conhece aparentemente trabalham nesse tipo de empresa, em setores de seguros e marketing.

Depois de semanas de mensagens sem resposta, de encontros cancelados ou adiados, de uma viagem à Polônia, de horas de espera em um hotel de Cracóvia, Kasia finalmente concorda em conversar comigo por meia hora em seu carro, a caminho do aeroporto, logo antes de minha partida. Percebo a extensão de seu medo, de sua vergonha e de minha obstinação. Insisto, explicando que acredito nas virtudes da palavra e do compartilhamento, na possibilidade de reparação, ainda que essas palavras pareçam pomposas e que meu projeto, por enquanto, seja confuso.

Os meses, até mesmo os anos, passam. Com o tempo, Kasia baixa a guarda e começa a confiar mais em mim. Falo a ela de um projeto de filme sobre Ricardo, que estou concebendo. Descubro uma jovem determinada, movida por um ódio espantoso, que começa a perceber que posso ser o instrumento de sua vingança. Além das outras mulheres com quem conversou, nunca falou com ninguém sobre o que lhe aconteceu ao lado de Ricardo. Mas, no fundo, gostaria que ele pagasse pelo mal que lhe causou, que seus atos não ficassem "sem consequências". Menciona com deleite os castigos que o imaginou sofrer. Ela o vê trabalhando em uma mina, fazendo trabalho forçado em estradas e até mesmo recolhendo lixo. Minha ideia de filme também poderia ajudar: ela o vê como uma possível punição, ou uma forma de justiça. Quer que eu mostre o rosto dele, que o exponha, que o sujeite à vergonha e à humilhação.

Agendar um encontro com ela ainda é uma operação complicada que requer cerca de vinte mensagens de texto e de áudio, dois ou três adiamentos, mudanças de horários e lugares, riscos de cancelamento até o último minuto ou de postergação indefinida. Kasia é desconfiada e se define assim. Ela se considera "analítica", usa essa palavra com frequência. O que significa que analisa o que as pessoas dizem, que verifica se repetem a mesma coisa e faz averiguações.

Acabo entendendo que durante sua vida com Ricardo, que se manteve por vários meses, ela permanece vigilante, alerta. Nunca deixa a carteira em qualquer lugar. Quando ele se apresenta como formado em Harvard, pede para ver seu diploma. Ele produz algo vagamente "photoshopado" que ela considera com suspeita. Ela verifica os anuários de ex-alunos, não o encontra e continua suas pesquisas. Ele se diz engenheiro de telecomunicações, trabalhando para a gigante americana AT&T. Ela investiga os organogramas da empresa. Quando Ricardo viaja, ela pede para ver as passagens e liga para as companhias aéreas para obter as listas de passageiros. Nada fecha, a dúvida prevalece, mas dentro dessa dúvida se infiltra a determinação de viver uma história que não se baseie na confiança, mas na vontade de ter aquele homem, de viver a todo custo um amor incomum que se assemelhe a seu ideal.

Sempre imaginamos que as mulheres enganadas, abusadas, ludibriadas, "não querem ver" ou "já sabiam" de alguma forma. Prefiro acreditar que elas têm medo e que esse medo pânico se torna uma segunda natureza, que tanto bloqueia quanto aguça a desconfiança. E falo por experiência própria. Não pratiquei muito o "enfrentamento proativo": depois dos mitômanos mais ou menos psicopatas, passei para os infiéis de todo tipo, os colecionadores, os hiperativos sentimentais, os casados que traíam as esposas e as "amantes", quando não traíam as "amantes" com as esposas, como um deles dizia, bastante orgulhoso de si. Perfis insignificantes se comparados ao de Ricardo, mas experiências amargas, e repetitivas.

Certa vez, Kasia não encontra Ricardo no voo para o Japão que ele diz ter pegado. Então começa a investigar. Em seus pertences, encontra um passaporte brasileiro, embora ele diga ser argentino. Ele encena então uma confissão espetacular, que agora já conhecemos bem, na qual admite ter nascido brasileiro, mas ter sido adotado por uma família argentina. Não contara antes porque tinha vergonha de ser adotado. *Ele tinha vergonha de ser adotado*, ela se revolta, *mas não tinha vergonha de mentir.*

Aos trinta e três anos, Kasia ainda é solteira. Entre os amigos, os colegas de trabalho, a família, é a única que não é casada. A pressão é forte. Ela quer um casamento, filhos, uma família, e rápido. Ricardo entende isso em dois segundos. Na primeira vez que se veem, em Paris, onde ela está em viagem, ele marca um encontro em Montmartre. Eles deram *match* no aplicativo OkCupid, um site de relacionamento de nome supostamente engraçado e estranhamente premonitório. Ele é elegante, sorridente, tranquilo, *um verdadeiro príncipe de contos de fadas.* Eles sobem as escadas até o Sacré-Cœur, animados, e, lá em cima, Ricardo propõe, brincando, que se casem ali mesmo. A piada estabelece o tom do encontro. Eles entram na basílica, percorrem o recinto e tiram fotos. Depois ele a leva para os Champs-Élysées e, ao atravessar a rua, pega a mão dela e a beija.

Ele deve pressentir que, com ela, é preciso ser rápido e intenso. Então faz o pai morrer em um acidente de carro e mergulha a mãe no coma já no primeiro final de semana juntos, romanticamente planejado em Ostende, nas praias do Norte. De manhã, o casal ainda está no sono da primeira noite quando o telefone toca. É o tio que lhe dá a notícia.

Ricardo fica arrasado. Treme, mal consegue articular algumas palavras. Eles voltam imediatamente. No carro, Ricardo recebe e faz várias chamadas, interrompidas por soluços. Quando pensa, hoje, que não havia ninguém do outro lado da linha, que as chamadas telefônicas provavelmente eram alarmes pré-programados, que ele falava e chorava sozinho, Kasia ainda estremece. Mas, naquele momento, ela está em estado de choque. Com a mãe entre a vida e a morte, Ricardo voa para Buenos Aires, onde ela morre na semana seguinte.

Filho único, para Kasia ele se chama Alexander, e se torna órfão. Seus pais (adotivos) possuem uma fazenda no pampa e um apartamento em Buenos Aires, onde seu pai era procurador-geral. Ele se torna o único herdeiro. No entanto, um litígio sucessório com tios e tias retarda a chegada de qualquer dinheiro.

Ao voltar para Paris, Ricardo recebe uma oferta de emprego tentadora nos Estados Unidos. Ele não tem mais motivo para permanecer na França e pede a Kasia que tome uma decisão urgente. Ou ele aceita o emprego e vai morar em Nova York – ela se juntará a ele se quiser –, ou desiste de tudo para viver com ela em Cracóvia e trabalhar como *freelancer*. A decisão é dela. Mas ele sabe muito bem que Kasia ficará dividida, que não pode deixar a família, os pais, a irmã, tão longe. Na Polônia, família é vida. Por ela, então, ele recusa essa incrível oportunidade: uma renúncia terrivelmente lisonjeira e culpabilizante. Eles aproveitam para se instalar juntos nos subúrbios de Cracóvia. Tinham se visto quatro vezes. Ele largou tudo por ela.

No final de 2015, o casal vive em um estúdio de 37 metros quadrados. Ele prefere algo maior, no centro, envia links de apartamentos para ela, sugere visitas, mas ela o repreende, *nos viramos com o que temos*. Ela paga o aluguel, ele contribui com as despesas e se ausenta muito por causa do trabalho. Uma única vez ele lhe pede quinhentos euros emprestados, e os devolve quando ela exige. Chama-a de "minha mulher", embora ainda não sejam casados, não poupa os lugares-comuns que agradam. Integra-se à vida familiar de Kasia, brinca com a mãe, simpatiza com a irmã, tenta convencer o cunhado a *fazer algo juntos*, fala de casamento, filhos. É o primeiro namorado que ela apresenta à família.

Nessa vida, Jean-Yves é americano e seu nome é Bill: é sócio de Ricardo e seu amigo de infância. Vive em Nova York. Os dois trabalham na empresa de telecomunicações recém-criada por ambos. Eles trocam mensagens por WhatsApp o tempo todo, especialmente à noite. Ricardo está sempre grudado no telefone. Bill também lhe empresta dinheiro em casos de emergência, às vezes pede emprestado, por isso os buracos no caixa de tempos em tempos. Bill, obviamente, participa das inúmeras *conference calls* que Ricardo organiza no apartamento de Kasia, de onde trabalha remotamente, embora o termo ainda não exista. Uma vez, Kasia viu a foto de Bill no telefone: bonitão, provavelmente a imagem de um ator.

Mais tarde, quando ela descobre a verdade sobre Ricardo, ou pelo menos suas mentiras, Kasia não apenas não conta nada à família como inventa que ele foi transferido para os Estados Unidos e que ela não pode segui-lo. Quando a revejo em Cracóvia, embora passemos dias inteiros juntas conversando sobre meu possível filme, ela nunca menciona nossos encontros para o novo namorado. Inventa desculpas. Também não lhe contou sobre Ricardo. Sua vergonha não tem fim, sua raiva continua intacta. Agora, quando conhece um homem, ela o investiga ainda mais a fundo e me aconselha a fazer o mesmo, pois não entende por que não estou procurando um relacionamento. Viver sozinha, para ela, é uma catástrofe não natural. Kasia está cadastrada em cinco sites de namoro, onde passa de duas a três horas por dia. Conversa sobretudo com técnicos de informática, *geeks* que querem uma namorada sem abrir mão de seus hábitos de adolescentes. Antes, ela adorava viajar. "Fez" trinta e cinco países. Mas viajar não faz seu projeto avançar: quer empregar todo o seu tempo livre para realizá-lo. Ela me envia links para esses sites, me dá muitos conselhos. Seus critérios são bem específicos: nada de divorciados, homens com filhos, poloneses (todos tediosos ou de mente estreita); no mínimo um metro e oitenta de altura e, acima de tudo, alguém *divertido*, um ponto crucial para essa jovem mulher estranha que foge do tédio polonês ao mesmo tempo que permanece *analítica*. Com o tempo, porém, ela se vê obrigada a revisar alguns critérios: agora, aceita carecas.

Depois de Ricardo, seu novo *match*, um suíço que preenchia todos os requisitos, a deixou quando ela quis levá-lo para viver na Polônia. Depois, houve outro técnico em informática que a convidou para as Ilhas Baleares e a fez rir. Até o dia em que ela percebeu que ele já era casado e tinha uma família na Itália – menos *divertido*.

*

Depois de vários meses de convivência, em um domingo em que vão almoçar em um shopping, Kasia, sempre em busca do que chama de "provas", percebe que Ricardo deixou o celular no carro. Ela volta ao estacionamento, pega o aparelho e vai para o banheiro. Por que não o examina no estacionamento ou em outro lugar, não sei ao certo... Mas ela se lembra da senha do aparelho porque comprou o telefone. Escondida em sua estreita cabine, com a porta entreaberta, descobre uma dezena de conversas com garotas da Polônia, da Eslováquia, da Itália, da França, em inglês, espanhol, português e até polonês. Não tem tempo de lê-las em detalhe, mas, convencida de ter elementos esmagadores e minuciosos, vai até o restaurante exibir sua descoberta para Ricardo. A resposta dele é um clássico da perversidade, com seu toque narcisista bem conhecido. Tudo aquilo, ele insiste, é culpa dela. Ela não confia nele, ele percebe que ela desconfia, espiona, duvida dele e da sinceridade de seu amor. Talvez até tenha outros relacionamentos. Como não tem certeza dos sentimentos dela por ele, como ela se recusa a se comprometer, como ele sente o tempo todo suas reticências, ele fala com outras mulheres para se acalmar, se consolar, por despeito.

A manobra funciona, ele fala com a energia necessária e paixão na dose certa. E ela praticamente pede desculpas, jura que vai parar de suspeitar, que vai confiar nele a partir de agora. O episódio termina aí. O homem que se diz maltratado, suspeito, até mesmo abandonado, logo viaja para o Japão para trabalhar nas redes elétricas de uma plataforma petrolífera. Como sempre, envia a Kasia uma profusão de imagens para ilustrar sua vida diária. Há uma foto realmente lamentável em que ele está deitado sobre um cobertor escuro com vagos ideogramas desenhados em rosa, supostamente significando "estou no Japão". E um vídeo borrado de um canteiro de obras *off shore* varrido por rajadas de vento. Graças a uma função do Google que não existe mais, Kasia, que rapidamente esquece sua promessa, encontra a fonte do vídeo em dois segundos: uma plataforma ao largo da

Dinamarca, no Mar do Norte, que não tem nada a ver com o Japão; as palavras que se ouvem sob o vento forte são ditas em dinamarquês. Mais uma vez, ele tem uma explicação desconcertante: o filme que fez estava ruim, encontrou aquele na internet, que é muito melhor e ilustra perfeitamente seu trabalho. Esta é a história de sua vida: quando a realidade não serve e ele pode encontrar algo melhor, por que não aproveitar?

Durante a mesma viagem, Kasia encontra outro telefone de Ricardo em sua casa. Ele é só imprudente, ou se acha invencível, indestrutível? Talvez, pelo contrário, espere que ela encontre esse telefone para elaborar mais uma história, ou acusá-la novamente? Ela não sabe dizer, talvez um pouco de tudo isso, ao que é preciso acrescentar sua própria desconfiança, que a leva a vasculhar as coisas dele. Um número francês aparece muito. Kasia oculta o seu e liga para o número uma vez, duas vezes, três vezes, até que, aparentemente cansada, uma mulher com forte sotaque espanhol atende. Ela não entende o que Kasia está dizendo. Nem quem é o tal noivo de quem ela está falando. O seu está voltando do trabalho: *Estou chegando*, ele escreve naquele exato momento.

A conversa não dura muito, mas as duas mulheres permanecem em contato, determinadas a esclarecer o estranho caso do número de telefone. De quantos homens se trata: um ou dois? E que história é essa de carro Peugeot na França que essa mulher está contando?, se pergunta Kasia. E que história é essa de Japão e Polônia que essa polonesa está contando?, Carolina se questiona. Nos dias seguintes, elas compartilham links, documentos e principalmente fotos que, aos poucos, traçam um quadro completo. Em pouco tempo, não há mais dúvidas: Kasia admite que Ricardo tem outra companheira na França, mas nem por isso desiste. Ela resolve lhe dar tempo para que ele pare, para que ele mude. Ela provavelmente acalenta a esperança de que, entre as duas, ele a escolha. Ela o coloca em período probatório. Não é tanto a ele que ela quer salvar, mas a seu plano de vida.

Ao mesmo tempo, Kasia cria uma imagem de Carolina que a preocupa: ela a considera *menos exigente e mais ingênua*. Razão pela qual Ricardo se sentiria mais seguro com Carolina. *E ela paga tudo*, acrescenta a jovem analítica. Talvez até aceite suas mentiras, feche os olhos esperando que ele mude *por ela*?

É nesse momento que Kasia inventa um alter ego, Andrea Zuccherini. Cria perfis em diferentes redes sociais para monitorar os movimentos de Ricardo e entrar em contato com outra polonesa, Beata, que também mora em Cracóvia e parece estar em um relacionamento estável com Ricardo. No Facebook, Kasia encontra fotos do casal apaixonado de férias e no dia a dia.

Kasia/Andrea não resiste por muito tempo. Em maio, ela perde as esperanças, não acredita em mais nada: Ricardo ainda vive com Carolina e também com a outra polonesa; novas conquistas aparecem, estão em curso, por assim dizer. Então Kasia o expulsa de seu 37 metros quadrados de amor, recupera o dinheiro que ele lhe deve e põe fim ao romance. Caso encerrado.

*

Na noite em que Carolina recebe a primeira ligação de Kasia, eis o que realmente acontece do seu lado da história. Perturbada, embora moderadamente surpresa, a jovem apaga todas as luzes do apartamento de Montrouge, se senta em uma poltrona e espera no escuro. É sua maneira de dizer que aquele dia é sombrio, que sua alma está sombria como aquele cômodo, cheia de tristeza e melancolia. Ricardo leva um susto quando a encontra, impassível, de braços cruzados como Anthony Perkins em sua poltrona hitchcockiana. A mentira começa. Ela ouve. E começa a investigar.

Ela também faz questão de se distinguir de Kasia, por quem sente, por sua vez, uma sutil piedade. *A polonesa estava loucamente apaixonada por ele*, me diz. *Aquilo realmente a machucava. Ela se sentia humilhada e estava furiosa.* Entre eles, me conta, as coisas são diferentes, estão juntos há mais tempo. Ela é a única, por exemplo, que viu seus verdadeiros documentos. A única que falou com sua verdadeira mãe ao telefone. Foi em uma noite de Ano Novo, ele estava gripado, com febre, disse à mãe que ela estava cuidando bem dele. De certa forma, ela diz, *ele me respeitava mais.*

Carolina sentindo pena de Kasia me faz pensar nos reclusos descritos em *Manicômios, prisões e conventos,* do sociólogo Erving Goffman, prisioneiros detidos em campos ou trancados em ambientes psiquiátricos, que constantemente procuram diferenças entre si: *Eu estou bem, mas eles, na seção ao lado, estão realmente mal,* ou então *Para mim ainda é suportável, mas ele, ali, está sofrendo terrivelmente, ele é realmente louco, sofreu os piores abusos...* Essa maneira de se proteger, minimizando a própria dor, se diferenciando sem se lamentar, encontrando alguém em situação pior para se sentir melhor, esse orgulho dos perdedores, permite a Carolina seguir em frente, não desmoronar de vez. Mas, ao que tudo indica, não a ajuda a se reconstruir.

Por fim, há a gota d'água, uma obscura história de mala perdida no carro de Jean-Yves, de uma missão em Aix-en-Provence, de ligações sem resposta, *eu estava sem sinal, sinto muito, Nena*. Por que dessa vez, e não em outras, ele parece com dificuldade de se explicar? Assim que ele volta para casa, Carolina pede que vá embora. Ele sai do apartamento *com duas ou três coisinhas*: não tem quase nada. Na mesma noite, ele telefona e suplica que ela o aceite de volta. Diz que está com frio, que não tem onde dormir, como um mendigo, que nem mesmo um cachorro é deixado na rua assim. Está sentado na emergência do hospital Bichat. E é verdade que está frio, que ele não tem um centavo e não sabe para onde ir. Carolina o deixa passar mais uma noite em sua casa e, de manhã, ele vai embora antes que ela acorde. Seguem-se longos meses em que ela definha, perde peso, se afoga em tristeza e melancolia.

*

Cerca de quatro meses depois de cada uma descobrir, de maneiras diferentes, as mentiras de Ricardo, Marianne, Carolina, Kasia e Nicole encontram umas às outras e conversam. Kasia conhece Carolina, Marianne escreve para Kasia e Nicole, as informações circulam: as quatro formam um pequeno "bloco" improvisado, com informações e intervenções, conectado por um grupo de WhatsApp. Elas querem tentar a via legal para acabar com as ações daquele homem. Nicole adota a posição da observadora afetuosa; com leve condescendência corrige Marianne, que move céus e terra, enquanto Kasia acredita que elas vão conseguir e Carolina se envolve de longe.

De bom grado, Marianne emprestou dinheiro ao companheiro, mas acredita que ele o extorquiu com mentiras. Portanto, apresenta uma queixa por roubo. É atendida por um oficial compassivo, que toma notas. Um comissário de polícia que eu conheço concorda em abrir o caso. A queixa é intitulada "uso fraudulento de cartão de crédito" e se refere a um montante de 2.263,82 euros correspondentes a 72 transações, pagamentos online e saques em caixas eletrônicos. A denunciante especifica, entre outras coisas, ter encontrado nos pertences do denunciado "um cartão bancário polonês em seu nome e várias fotos de cartões de crédito pertencentes a mulheres que aparecem em seu telefone celular, incluindo os meus". A sintaxe é livre, os fatos são brutais.

No que diz respeito ao conteúdo, o comissário me confirma que o caso foi arquivado sem qualquer investigação, devido ao prejuízo insignificante e à impossibilidade de identificar formalmente o acusado, dadas suas múltiplas identidades. Ele cita as palavras de um oficial do 18º *arrondissement* de Paris: "Um golpe encantador, clássico". Desde então, o policial que atendeu Marianne saiu do serviço de queixas e foi designado para o tribunal de justiça. O comissário me informa que, usando os nomes de Ricardo na queixa e na cópia de seu passaporte, nada aparece em nenhum arquivo, *típico de pessoas que mudam de nome a cada dois meses*.

Para expor Ricardo publicamente e advertir futuras vítimas, as mulheres do "bloco" também criam uma página anônima no site MySpace, com fotografias, documentos e informações. Entram em contato com Beata, a segunda polonesa, para contar tudo. Mas ela não quer ouvir nada. O noivo está sentado a seu lado e não é nada do que aquelas mulheres alegam. Beata se sente assediada e exige que elas parem de lhe escrever. No site, também constam as ações judiciais movidas no Brasil contra Ricardo, que elas conseguem desenterrar. Entram em contato com uma das denunciantes brasileiras e entendem que Ricardo tem um extenso histórico criminal. Acionar a Interpol, prendê-lo e deportá-lo torna-se seu objetivo. Mas ele cai por terra com a primeira mensagem postada na página anônima por Ricardo, que insulta, ameaça com as piores represálias quem divulgou aquelas informações. A mensagem é de gelar o sangue. Estamos longe do genro ideal, amado pelas famílias e por todos os amigos, que discute calmamente assuntos profundos enquanto toma um aperitivo. Como não sabe com quem está falando, Ricardo vai direto ao ponto, em inglês, por via das dúvidas, escondido atrás de uma conta falsa em nome de Geremias Machoneiros: "*I am closer to catch you asshole. Believe it, I will destroy you and catch you in person, stupid mother fucker son of a bitch. I already have your IP number, prepare yourself asshole*".* Kasia se retrai, horrorizada, temendo que ele ataque seus familiares, que entre em contato com sua mãe, sua irmã. Ela exclui a página e exige que todas as trocas de mensagens do WhatsApp entre as vítimas sejam apagadas. Fim da ação coletiva.

---

* Estou prestes a pegar você, idiota. Acredite, vou destruí-lo e pegá-lo pessoalmente, seu estúpido filho da puta. Já tenho o seu número de IP, prepare-se, idiota.

4.

Sempre sonhei em contratar um detetive particular. Penso no ator Jean-Pierre Léaud escondido atrás de um jornal, Bernie Gunther, o herói da trilogia de Philip Kerr, nas noites escuras de Berlim, penso em Sophie Calle, que contratou um detetive para elaborar um relatório sobre seus próprios dias, e me pergunto em que romance policial eu estaria mergulhada. Mas nunca tive uma oportunidade concreta de contratar um detetive. Até Ricardo a oferecer de bandeja e meu projeto de documentário, embora não muito claro ainda, me dar os meios para financiá-la.

Ele tem um carro grande, uma barriga pequena, se senta com as pernas abertas do "espaçoso" e confessa com afetação que o acham parecido com John Wayne. Marcin Magdón, detetive particular em Cracóvia, no sul da Polônia, se apresenta como ex-chefe do Departamento Central de Investigação do quartel-general da polícia da cidade. Uma amiga polonesa o recomendou calorosamente depois de uma completa e atenta pesquisa. O site de sua empresa, PKD, parece o de um banco, com fotos perfeitas, ilustrações profissionais e várias seções: denúncia, cliente misterioso, rastreamento pré-emprego, contra-inspeções, e também os clássicos assuntos criminais e casos de divórcio. Ele me recebe amigavelmente e oferece seus serviços sem hesitação.

A espionagem, na Polônia, é uma paixão nacional. Provável vestígio da Guerra Fria, a vigilância é elevada à categoria de belas-artes. Além do grande número de escritórios de detetives em todo o país, vários programas de *reality show* apresentam as investigações de detetives famosos. Um certo Rutkowski está no topo da lista e faz sucesso na TV. Com os cabelos pretos penteados *à la* Nefertiti, a barba bicolor como a de Édouard Philippe, grossas correntes de ouro brilhando no peito cabeludo, sem falar dos óculos espelhados que usa em todas as ocasiões, sua figura é impressionante. Rutkowski atrai muitos telespectadores resolvendo obscuros casos de sequestros de crianças ou crimes atrozes. Marcin Magdón o despreza e o enche de insultos. Mas um véu de inveja cobre seus olhos.

A Spy Shop, uma rede popular de lojas de espionagem, está presente em todas as grandes cidades polonesas. Nela você encontra tudo o que uma imaginação tecnológica paranoica e comercial pode conceber para vigiar a esposa, o chefe, o funcionário e até os filhos: um gravador de voz para crianças escondido em um brinquedo, um microfone escondido em uma caneta, uma câmera escondida em um pingente em forma de coração, um rastreador GPS que pode ser instalado sob demanda no objeto de sua escolha. Há até uma minicâmera escondida em "plantas ornamentais para idosos".

Na loja onde Marcin Magdón se equipa em Cracóvia, outro *gadget* me deixa pensativa. "Isso se chama *Semens Spy* e é um *best-seller*", me explica o vendedor. Pergunto, incrédula, se entendi bem. Sim: é um kit completo para detectar vestígios de esperma suspeitos nas roupas íntimas da esposa, da companheira, da amante, nos lençóis, no carro ou quem sabe em um móvel, um tapete. Também é chamado de teste de fidelidade. O pacote contém um *swab*, uma pipeta, um pequeno tubo azul e um cartucho de teste para detectar o antígeno PSA, uma proteína que liquefaz o esperma para facilitar o movimento dos espermatozoides. Há também uma versão "de luxo" do *Semens Spy*, com uma lâmpada UV para ajudar a detectar manchas de líquido seminal, invisíveis a olho nu. Fico chocada quando o detetive e o vendedor, com a mesma expressão cansada, parecem não entender a razão de minha comoção.

Me pergunto por que fico tão chocada e por que acho aquilo tão engraçado. Há algo de grotesco e patético na cena do marido chegando à Spy Shop para comprar um *Semens Spy*, discutindo os méritos do produto com o vendedor, desembolsando entre sessenta e cem euros e o colocando na mochila, para depois usar o cotonete na calcinha da esposa ou inspecionar a cama com a lâmpada UV. Vejo nisso um forte componente de machismo: não há nada na loja destinado às mulheres ciumentas, ou que pudesse constituir uma "prova" concreta para Kasia, por exemplo. Talvez haja também um aspecto moralmente perturbador nessa geringonça? Intuitivamente, reconhecemos que espionar a esposa é imoral, assim como denunciar o vizinho, trair, mentir, independentemente das razões ou das consequências. Mas eu não ficaria tão incomodada se bastasse o marido apertar um botão ou preencher um formulário para saber se a esposa é fiel. Isso significa que, para além dos grandes princípios morais em questão, fico chocada aqui com os meios empregados, com a imaginação tecnológica utilizada, com o cinismo do vendedor e com o ridículo da situação.

E ainda tenho mais surpresas pela frente. Bem no fundo da loja, enquanto Marcin Magdón termina suas compras básicas, descubro uma vitrine dedicada à "contraespionagem" que oferece uma gama completa de dispositivos para detectar e neutralizar a presença dos dispositivos da vitrine ao lado. Há diferentes níveis de sofisticação, preço e uso, desde detectores de escutas até localizadores de *chips* e microcâmeras. Os sensores a laser detectam câmeras com e sem fio, ativas ou não. Os detectores de câmera sem fio são scanners de frequência de alta velocidade que localizam com precisão dispositivos de captura de imagem. Um pequeno texto acompanha essa seção no site da Spy Shop, o cúmulo da hipocrisia, pois o aviso é direcionado a pessoas que compram itens na mesma loja: "Pessoas desonestas podem se esforçar muito para roubar dados importantes ou privados. Elas instalam câmeras, fazem escutas clandestinas com chips e outras ferramentas disponíveis no mercado. Recorrer ao serviço de empresas de detecção de escutas telefônicas custa muito caro e nem sempre é fácil sem levantar suspeitas. [...] Portanto, vale a pena investir em dispositivos que protejam contra a vigilância e, caso um chip ou microcâmera sejam detectados, permitam sua localização e neutralização". É uma lógica implacável, como a dos feiticeiros que oferecem encantamentos e seus antídotos, como a dos vendedores de armas que fabricam coletes à prova de balas.

Encontro quase todos esses apetrechos no escritório de Marcin, junto com retratos dele posando com o revólver em um coldre de ombro, ou de pé como um caubói ao lado de sua equipe de detetives, mas de costas – para manter o anonimato, imagino. Na parede também vejo diplomas e medalhas recebidos quando ele era chefe do Departamento Central de Investigação do quartel-general da polícia da cidade.

Quando lhe peço para ter cuidado, já que Ricardo não é um cordeirinho, ele sorri com condescendência: já limpou a cidade de suas gangues armadas, o perigo não o assusta. Ele obterá para mim todas as informações necessárias: os hábitos de Ricardo, os lugares que frequenta, seus *hobbies*, se trabalha ou não, e onde, seu *status* legal etc. Com sua equipe júnior, ele pode conseguir o endereço IP do computador de Ricardo para acessar seus e-mails e descobrir se há novas vítimas, acessar sua conta bancária para verificar seus rendimentos, suas atividades legais ou ilegais, seus novos perfis nas redes sociais. Marcin me oferece serviços de primeira classe e pontua suas frases com um "sem problemas" de uma arrogância desconcertante. Eu adoraria conhecer todos esses detalhes, claro, mas prefiro, por enquanto, ficar com o que é mais ou menos legal. Com várias queixas comprovadas contra Ricardo – a de Marianne e as registradas no Brasil –, contratar um detetive particular para encontrá-lo é algo dentro da lei. Então peço a Marcin uma prova de vida, o lugar onde ele vive e sugestões sobre como abordá-lo, se eu decidir fazer isso. Forneço o endereço do lugar onde ele mora com Beata, que encontrei facilmente usando seu nome.

Explico a Marcin que essa segunda mulher polonesa ignorou as chamadas do "bloco" e cortou rapidamente qualquer contato: ela provavelmente acreditou em alguma teoria conspiratória preparada de antemão, a da famosa família brasileira que quer prejudicar Ricardo ou uma variante dessa história. Beata trabalharia para uma companhia de seguros e seria encarregada de verificar a credibilidade das declarações de sinistro: o que, dadas as circunstâncias, não deixa de ser irônico. Beata também está cadastrada em um site de *couchsurfing*, um sistema mundial de troca de serviços que consiste em hospedar viajantes gratuitamente no sofá de casa, pelo prazer de conhecer uma pessoa diferente, por espírito de hospitalidade. Ela, por sua vez, pode dormir em um sofá no exterior, se precisar. Se Beata recebe convidados em seu sofá, isso basicamente significa que qualquer um pode dormir em sua casa. Ricardo talvez a tenha conhecido dessa maneira, e por um momento pensei em ocupar seu sofá também. Depois de pensar bem, essa ideia me pareceu imprudente e grosseira. Recorri a Marcin.

No escritório do detetive, a ideia de investigar a vida privada de uma pessoa, espioná-la ou fazer com que seja vigiada me parece subitamente muito menos ridícula ou imoral do que na Spy Shop. Por um lado, minha ação é cometida por procuração: é a diferença entre contratar um matador de aluguel e matar alguém com as próprias mãos, ou entre fazer e permitir que façam. Por outro lado, me convenço de que essa vigilância se destina a prevenir o pior, a salvar muitas mulheres, agora ou depois: penso nas consequências benéficas e me convenço de estar agindo em nome de um bem superior.

Lembro-me com frequência de uma sequência de *Shoah*, na qual Claude Lanzmann filma Franz Suchomel, que foi suboficial do campo de Treblinka. A comparação com Ricardo sem dúvida não é apropriada, mas as questões que a cena suscita me interessam. O ex-membro da SS concorda em falar com Lanzmann e ser filmado sob a condição expressa, diz ele, de que o cineasta não revele seu nome nem seu endereço. Lanzmann concorda solenemente – podemos ouvi-lo – enquanto na tela aparecem o nome do homem e seu endereço. O diretor também reconhece ter pagado vários alemães para que concordassem em participar de seu filme, ou tê-los filmado secretamente. Ele se preocupa muito pouco com o que é, a princípio, contrário à ética ou ao código de conduta dos documentaristas ou jornalistas. Seu filme não é um documentário, ele se justifica. Ele não busca contar com exatidão, mas causar um impacto, o mais forte possível, tornar-se em si mesmo um ato de vingança, de violência. Mais uma vez, o argumento *ad hitlerum* ou ponto Godwin* de meu raciocínio não se aplica realmente a Ricardo, que não cometeu nenhum crime contra a humanidade, e cujos delitos são impossíveis de comparar com o Holocausto (que evitamos comparar com qualquer outra coisa). E tampouco tenho a ambição de Claude Lanzmann. Mas esse ponto me faz questionar o status dos vilões e dos canalhas nas narrativas de "não ficção". Se é verdade que livros ou filmes documentários buscam relatar fatos exatos, verificados, devemos tratar com o mesmo respeito, a mesma consideração, vítimas e algozes? As regras que criamos, misturando dois ou três princípios éticos, são as mesmas para todos os nossos "objetos"? Ao reservar aos vilões um tratamento diferente (como contratar um detetive para investigar suas vidas), eu poderia muito bem argumentar que minha abordagem é "engajada", subjetiva, no sentido de que serve a uma causa nobre, a das mulheres, das vítimas. E que, portanto, há certa justificativa em vigiar

---

* A expressão "ad Hitlerum" é usada em debates e argumentações para descrever uma falácia lógica em que alguém compara um ponto de vista ou argumento ao nazismo ou a Adolf Hitler com o objetivo de desacreditá-lo. Essa tática é semelhante à "Reductio ad Hitlerum" ou "ponto Godwin", que sugere que à medida que uma discussão online se prolonga, a probabilidade de uma comparação envolvendo Hitler ou nazismo aproxima-se de 1. [N.E.]

Ricardo. Mas sou obrigada a confessar que, enquanto falo com Marcin, minha motivação principal, embora confusa, não é nem a justiça nem a arte, mas uma curiosidade imperiosa, irresistível, e uma parcela não negligenciável de fascínio. Quero desvendar o mistério desse homem, tentar entender quem ele é, qual sua história, de onde ele vem e para onde ele vai. Vê-lo pessoalmente, *ao vivo*, seria um bônus.

Depois desse encontro, Marcin Magdón passa a me atualizar diariamente, por videochamadas no Zoom, sobre o progresso de sua investigação. Na tela, somos três: o ex-policial de alto escalão, a amiga polonesa que traduz e eu. A situação lembra o filme *Lost in Translation* [*Encontros e desencontros*], pois Marcin fala muito e diz pouco. Ele se perde em digressões sobre as técnicas de investigação, a equipe, as dificuldades, e as negociações financeiras ocupam a maior parte de nossas conversas. Embora tenha aceitado o serviço apenas "para ajudar os outros", seus dias de trabalho conhecem uma inflação iraniana, ou seja, galopante e incontrolável. Duzentos, duzentos e cinquenta, em breve trezentos euros (em zlotys) por dia, mais 23% de impostos: as quantias se tornam enormes. A tradutora não parece muito surpresa com o procedimento, ao que parece essa é uma transação corriqueira. De minha parte, fervilho, fico furiosa, mas não digo nada, embora minha irritação deva estar claramente estampada em meu rosto. Enquanto isso, o detetive segue dissertando e não perde a fleuma condescendente.

No primeiro dia, Marcin decide começar com uma "observação de campo" – que pena, vigia o prédio errado. Ele me envia fotos de uma janela com as cortinas fechadas.

No Google Street View, vejo claramente que não é lá que Beata mora e que Ricardo poderia estar. Corrigido o erro, Marcin e sua assistente loira ficam de tocaia sob as janelas de um pequeno prédio moderno em um bairro tranquilo e sem história, onde vive a classe média de Cracóvia.

A pandemia não está longe, mas será suficiente para explicar por que nem Beata nem o suposto companheiro saem de casa nem uma única vez por um dia, dois dias, três dias, em breve quatro? O relógio está correndo. Minhas perguntas insistentes não abalam a verborragia do detetive, que não vê nada mas tem muito a dizer. Eu não impressiono muito o ex-chefe do Departamento Central de Investigação do quartel-general da polícia da cidade. Sem teorias para explicar a aparente reclusão do jovem casal, ou a própria incompetência, Marcin conclui que Ricardo deve estar mantendo a companheira em cativeiro em um sótão, e que talvez a tenha matado. Assim, no quinto dia, ele faz um "reconhecimento *in loco*", que consiste em subir dois andares. Volta com uma informação crucial: há duas bicicletas de adultos no corredor de Beata. Ele deduz que ali vive um casal – que aparentemente nunca sai. Na janela, Marcin vê as cortinas se mexendo, então é preciso excluir a possibilidade de o casal estar ausente ou de férias, se é que há um casal.

No sexto dia, John Wayne tem uma ideia: um falso alerta de bomba no prédio, que fará todos os moradores descerem. Mas muda de ideia: é arriscado demais. No fim, tão pouco acontece que acabo acreditando que Marcin não está fazendo absolutamente nada, que tira algumas fotos da janela de vez em quando e volta com calma para o escritório. Então, depois de uma semana, decido enviar alguém para seguir meu detetive.

Szymon é um jovem jornalista polonês sarcástico que mora perto e fala inglês. Ele pega sua velha bicicleta, coloca o capuz e vai dar uma volta perto da casa de Beata. Dois minutos depois me liga para dizer que identificou imediatamente o carro de Marcin com seus vidros escurecidos. Dentro, viu um casal de detetives "saído direto de um filme", de óculos escuros, chapéu, totalmente de preto. Não são muito discretos, mas pelo menos estão lá. A mulher segura uma pequena câmera e filma através do vidro. O homem sai do carro e finge falar ao telefone, para manter as aparências. Qualquer um poderia ver que sua tela está desligada. No estilo "agente secreto", já vi melhores.

Nos filmes da "observação", que Marcin me envia semanas depois, depois de eu os solicitar dezenas de vezes e ele dizer, como um estudante, que os havia enviado no dia anterior ou que eles teriam caído "no spam", nessas imagens, onde se vê uma janela adormecida, com um leve movimento de cortina ou de um rosto distante, nas horas de filme minimalista, ouve-se claramente a colega de Marcin dentro do carro rindo de um jovem de bicicleta passando várias vezes por seu veículo. Mas a curiosidade da dupla de choque para por aí. Ao que tudo indica, seu equipamento de contraespionagem não é muito eficiente.

Alguns dias e intermináveis Zoom depois, Marcin me comunica sua segunda ideia. "Criei um disfarce para mim", ele diz com orgulho. O personagem que ele inventa é um funcionário municipal que vai verificar se o prédio não tem nenhum vazamento de água. Seu traje de camuflagem é o colete de segurança fluorescente que vem no porta-malas de todos os carros e que ele veste às pressas.

No andar que nos interessa, a mulher que abre a porta de uma pequena quitinete de trinta metros quadrados é a mesma que faz *couchsurfing* e aparece nas fotos com Ricardo. Um homem, que se pode adivinhar ao fundo, não se levanta nem desvia o olhar do que parece ser seu computador. A mulher fala com o homem em inglês, pergunta sobre um possível vazamento e, *bingo*, o chama de "Rico". "Rico" também não notou nada de especial. O detetive disfarçado não ousa entrar para verificar, mas naquela noite, pelo Zoom, ele exulta: o "Rico" de Beata é a prova irrefutável de que nosso homem está naquele apartamento. Uma informação interessante, mas que não resolve o mistério da reclusão, preocupante para os dois moradores ou para a seriedade da empresa PKD.

Ignoro o fato de Marcin ter sido desmascarado por um vizinho, que deu o alerta no grupo de Facebook do prédio, informando a todos os moradores sobre um sujeito suspeito que fotografava seus movimentos. Em sua terceira jogada de mestre, Marcin inventa a história de um carro vermelho roubado, para justificar aos vizinhos sua presença no bairro: ele está investigando um tráfico internacional de veículos, que passa por aquele endereço. Os moradores não ficam muito convencidos, precipitando, sem dúvida, o epílogo dessa vigilância rocambolesca.

Porque depois de trinta horas de vigília descobertas em cinco minutos, e vários litros de saliva de *mansplaining*, nosso Inspetor Bugiganga descobre, ó surpresa, que o prédio de Beata e "Rico" tem três saídas, entre elas a garagem acessível diretamente dos andares. Os reclusos entravam e saíam alegremente enquanto meus zlotys e minha paciência se esgotavam. Ao que Marcin, sem se abalar, responde que para ser eficaz seriam necessárias três equipes de vigília 24 horas por dia, postadas em cada uma das saídas, ou seja, cerca de vinte pessoas. Mas será que disponho de tal orçamento? Resta o que ele chama de investigação administrativa, na qual coloco todas as minhas ingênuas esperanças.

Enquanto isso, volto minha atenção para os poucos elementos que encontrei sobre Ricardo: a família brasileira, a cidade onde ele cresceu, a mãe, tudo o que existe ou um dia existiu de verdade. De acordo com o que li, o impostor sempre busca dois objetivos: um é imediato (um teto, dinheiro, documentos...), que ele alcança por meio de mentiras direcionadas; o outro é um motivo oculto, mais secreto, ligado a uma história pessoal, um sofrimento narcisista. Ele faz o luto de uma vida real, pois nela não era nada: ele será outra pessoa em vez de não ser ninguém. Na vida de Ricardo, penso que deve haver algum elemento inicial desencadeador de tudo. Um momento de virada. Quero saber que tipo de criança ele foi. Qual a história de sua família. Quero saber quando ele descobriu seu talento, a facilidade de manipular as mulheres. Talvez haja uma razão para isso, alguém que lhe ensinou essa habilidade, um mentor?

5.

Manoel José de Assis veste uma camiseta larga do Led Zeppelin, tem cabelos grisalhos e já passou dos cinquenta anos faz tempo. Por três vezes, foi prefeito de C., cidade onde Ricardo cresceu, e conhece bem a família. Em seu barulhento 4x4, percorremos rapidamente as ruas de céu baixo e pesado dessa pequena cidade satélite de X, a cerca de sessenta quilômetros de São Paulo. A vegetação tropical compete por espaço com as moradias. A zona rural não está longe. Da janela do carro, Manoel acena para os fãs, parecendo mais uma estrela de rock voltando para casa do que um político que influenciou por vinte anos o destino dos cem mil habitantes de C. O carro sobe e desce as colinas que dão à cidade uma aparência desordenada, sem planejamento ou lógica e muito menos centro. Várias fábricas abandonadas, casas baixas, rosa e azuis, e algumas favelas se agarram às encostas perigosas em um movimento caótico até chegar à base incerta do céu escuro. A única exceção é uma fábrica de produtos químicos, que produz enormes jatos de fumaça branca silenciosa, poluindo toda a região. É o maior empregador da cidade. Desde que as autoridades ambientais a mantêm na mira, o cheiro não é tão terrível. Mas quando Ricardo era criança, e até o final de sua adolescência, a fábrica emanava um cheiro de enxofre insuportável, *o cheiro do diabo*, comenta Manoel, tapando o nariz.

Paramos ao pé de uma favela em um simpático jardim municipal chamado Parque das Flores, em torno de um campo de futebol bem cuidado. O melhor jogador é uma menina, descalça e confiante. A equipe adversária tenta manter a concentração, enquanto os espectadores parecem fascinados com sua agilidade. Antigamente, naquele lugar, diz o prefeito, havia um lixão a céu aberto onde era despejado o lixo de nove municípios vizinhos, cerca de 150 mil toneladas por ano. Entrava-se por um portão e pesavam-se os resíduos em uma balança. Ao queimar, eles soltavam gases tóxicos, havia incêndios, abutres, fumaça por toda parte. As pessoas frequentavam o lixão para sobreviver, buscar materiais recicláveis e até comida. Nas casas mais próximas, não era incomum haver protestos por causa do cheiro, as pessoas não aguentavam mais. Crianças como Ricardo cresceram dentro desse lixão, continua o prefeito. Não havia nenhum lugar para jogar bola. Era uma infância passada entre a escola e a rua, a rua e a escola. Ninguém ousava dizer que morava em C., ninguém colocava o nome da cidade na placa do carro, os moradores de C. eram chamados de "pés-vermelhos", "caipiras". A poucos quilômetros dali, quando alguém dirigia mal, as pessoas diziam, brincando: "Você tirou a carteira em C. ou o quê?" – o que não era um elogio.

Manoel levou vinte anos para diminuir a insalubridade do local e construir um aterro sanitário menos selvagem e mais regulamentado em outro lugar. No lugar do antigo, ele construiu aquele Parque das Flores, que introduziu em C. o cultivo de plantas perfumadas. Agora, o prefeito pode descansar. A cidade continua pobre, mas digna e de cheiro suportável. Em sua magnífica casa com duas churrasqueiras, com um coreto sobre um lago artificial, Manoel canta músicas brasileiras românticas na companhia da terceira esposa, trinta anos mais jovem, que lhe deu seus quinto e sexto filhos. Ele se torna um aliado valioso e simpático.

Manoel conhece praticamente toda a família do lado materno de Ricardo, uma família comum de trabalhadores, muitos deles funcionários públicos. Uma classe média bem estabelecida. São pessoas que vê com frequência. O tio é advogado, foi inclusive seu chefe de gabinete durante o primeiro mandato. A tia fez faculdade de economia. Hoje, ela é secretária da Fazenda da cidade. E há outra irmã, que deve ser a mãe de Ricardo. Segundo Manoel, ela e a tia de Ricardo são muito parecidas, pode ser até que sejam gêmeas. É verdade que as fotos que encontrei lançam dúvidas, e isso explicaria muitas coisas. Especialmente porque as duas irmãs são próximas, se veem com frequência, moram uma ao lado da outra. Seria possível que Ricardo tenha começado sua carreira de impostor em tenra idade, fingindo ter um irmão gêmeo, ou um sósia maléfico? Fazendo seus amigos acreditarem que ele não era Ricardo, mas seu irmão gêmeo? Não posso descartar a hipótese de que essa gêmea tenha alimentado seus sonhos e fantasias. Mas também é possível que ele tenha regularmente confundido a mãe com a tia e desenvolvido, a partir disso, um imaginário em torno da duplicidade, uma versão brasileira do "eu é um outro", que mais tarde ele reescreverá na forma de "eu é vários outros".

Manoel acredita lembrar que a mãe de Ricardo também trabalhava na prefeitura. Ela teria saído devido a uma história não muito clara. Ele guarda a lembrança de algo ruim, mas não recorda os detalhes. A gêmea má e a boa, essa poderia ser uma pista, uma versão psicológica do *good cop, bad cop*.* Por outro lado, Manoel não sabe nada sobre o pai de Ricardo. Promete se informar. Mas prefere que não visitemos a família, nem vejamos a mãe diretamente. Minha investigação vazaria e sua participação também. Essa precaução reforça minha decisão: embora eu tenha rondado várias vezes a pequena casa verde-sálvia onde mora a mãe de Ricardo, não vou tentar encontrá-la. Por razões muito nobres, pois quero deixar essa mulher em paz. E outras menos gloriosas, pois ela logo falaria sobre minha visita ao filho, e este seria o início de meus problemas (que não deixarão de ocorrer, mas espero que depois que meu trabalho estiver concluído).

Nossa viagem a toda velocidade pela infância de Ricardo continua na estação de trem de C., que seria o centro da cidade se ela tivesse um. Na pequena praça à sua frente, casinhas de ferroviários bem arrumadas e com jardins alinhados como se formassem uma guarda de honra àqueles que trouxeram o trem à cidade. O pai de Manoel foi uma dessas pessoas, tendo migrado de Minas Gerais para se lançar nessa aventura. O prefeito e seu irmão também foram ferroviários, desde os quinze anos de idade. No início, a estrada de ferro era usada para transportar café do interior para o litoral de São Paulo, com destino à exportação. No início dos anos 1960, industriais europeus, sobretudo alemães e italianos, instalaram fábricas na região, nos setores de metalurgia, automóveis

---

* O "bom policial, mau policial" é uma tática psicológica frequentemente usada em interrogatórios e negociações. Ela envolve duas pessoas desempenhando papéis contrastantes para manipular um sujeito ou alvo. [N.E.]

e aeronáutica, atraindo rapidamente os jovens locais com bons salários, os melhores da região até hoje.

A família de Ricardo faz parte da contínua onda de migrantes que deixa as regiões mais pobres do Nordeste em direção a São Paulo, rica e fornecedora de empregos. Mas a megalópole fica saturada e os migrantes precisam se afastar cada vez mais para encontrar moradia. C. chega bem no fim dessa onda. Para entender o que aconteceu, basta olhar o mapa da linha de trem local: C. é o fim da linha, a última estação. Na outra extremidade está São Paulo. Os que emigraram e não ficaram em São Paulo, me explica Manoel, apontando para o mapa, pegaram esse trem e empurraram a fronteira, como os pioneiros americanos, a uma boa distância de São Paulo. Eles chegaram sem nada, apenas com a esperança de uma vida melhor. Mas eles não têm raízes aqui, não têm família, não têm vínculo com a terra, nem tradições que poderiam moldar sua identidade. É por isso que C. não tem alma, conclui ele, é uma cidade oca, um dormitório, quase nada.

*

Descubro aos poucos o que aconteceu na infância e na adolescência de Ricardo, coleto fragmentos dispersos, migalhas de informações e anedotas obtidas com seus amigos de infância, vizinhos e relações, principalmente mulheres. Com a ajuda de várias investigadoras eficientes e honestas, me lanço em todas as frentes. Talvez haja imprecisões, lacunas, mas o essencial é mapeado.

Quando Ricardo nasce, em 1979, a ditadura militar está chegando ao fim. Uma lei de anistia acaba de ser votada, absolvendo tanto os militares envolvidos na repressão sangrenta dos anos de chumbo quanto os opositores ao regime. Ela é vista como o primeiro sinal de retorno à democracia. Ricardo tem seis anos quando as passeatas de estudantes e trabalhadores, seguidas de eleições decisivas, abrem caminho para uma nova era no Brasil. Tem nove anos quando a nova constituição é promulgada, em 1988. É um período de grandes esperanças: as reformas econômicas prometem que o país vai se "desenvolver", o governo defende um "Estado de bem-estar social". Os pais de Ricardo seguem o movimento e se mudam para um dos bairros mais antigos de C., considerado até hoje o melhor da cidade. Aqui os cheiros são menos repugnantes, estamos perto da avenida principal e a única escola local se instala orgulhosamente em uma rua tranquila, com suas paredes azul-claras à sombra de uma amoreira.

Da infância de Ricardo surge um personagem aureolado de um prestígio esmagador. O primo Daniel, alguns anos mais velho, é quem ele segue como uma sombra. Daniel vem do ramo mais respeitável da família, que trabalha na prefeitura e se envolve com política. Na escola, Daniel é *popular*. Usa roupas novas, tem um skate e músculos desenvolvidos que os garotos invejam mais que as garotas. Sua credibilidade na rua é reforçada pela prática do boxe: ele se tornará instrutor. Comparado a ele, Ricardo é um menino reservado, tímido, invisível, que o segue por toda parte. Os professores não se lembram de nada de especial a seu respeito, nenhum talento ou traços notáveis. Na época dos primeiros amores, Ricardo se mantém à margem, mas é evidente que encontrou um modelo e um futuro nome: Daniel acumula conquistas, agora anda de moto, aumentando seu prestígio e seu *sex appeal*. Ele dá o skate para Ricardo, que saiu de seu silêncio para se tornar brincalhão, zombeteiro, um tanto desbocado. É provocador, tenta ser engraçado, às vezes exagera. Enquanto isso, Daniel arrasa corações. Muito jovem, uma certa Paula engravida. Ela mora no mesmo bairro até hoje, com o filho de vinte e poucos anos. Imagino que o abandono de uma mulher grávida penetre na mente de Ricardo, aos quinze anos, como um horizonte, um costume que não deixará de seguir.

À medida que o país se desenvolve, as desigualdades se aprofundam no Brasil. A classe média pena para se estabelecer, as disparidades de renda aumentam. Na contramão das esperanças acalentadas pela jovem democracia, os trabalhadores se tornam mais pobres, o emprego mais escasso e a inflação, mais alta. A cidade de C. não é exceção: os pais de Ricardo começam a se sentir *desconfortáveis*, um pouco *apertados*. O pai, que cria uma pequena empresa de transportes, um ou dois caminhões que ele dirige ou aluga, não consegue prosperar. Compensa as dificuldades se envolvendo em tráfico ou esquemas cuja natureza exata não consigo descobrir, mas que o fazem ser preso uma vez nos anos 1990. Pode ser que o caso esteja relacionado a entorpecentes, pois C. já é um centro de tráfico de drogas, em uma versão discreta, sem tiroteios ou operações policiais espetaculares. Em que momento o pai de Ricardo se torna um toxicômano, não sei dizer, mas ele é internado várias vezes em uma clínica de desintoxicação da região. Obviamente, isso não causa uma boa impressão na família da mãe de Ricardo. Por mais que seja um homem atraente, bonito, seu marido é menos branco que os migrantes do interior, que querem esquecer de onde vieram e gostam de se gabar de antepassados italianos reais ou imaginados, uma ascendência chique que afasta a ameaçadora sombra da miscigenação. O homem também é suspeito porque na família de Maria, mãe de Ricardo, há ainda mais policiais do que funcionários públicos. Maria se isola, e a situação do casal piora. É nesse momento que ela se envolve no negócio escuso mencionado por Manoel e deixa a prefeitura.

Mas isso não é tudo. Uma de suas ex-companheiras me conta que ele tinha violentos acessos de raiva que faziam tremer a casa onde a família morava. Ele ameaçava o filho, ela me conta (ouviu isso pessoalmente da mãe de Ricardo), o agredia sob a influência do álcool, ou das drogas, ela não sabe ao certo qual dos dois, mas o suficiente para Ricardo nunca esquecer. O jovem intervinha para proteger a mãe? Ele se rebelava, lutava, ou foi uma criança maltratada, envergonhada, com uma mistura de culpa e autoaversão? Só posso tentar imaginar.

E também há o nome. Suponho que odeie seu nome e provavelmente o pai, porque ele, literalmente, É seu pai. Lembremos o desentendimento de seus pais em torno de seu nome, Daniel, Richard ou Ricardo. No final, ele é chamado de Ricardo, que é também o nome do pai, ao qual é adicionado o sobrenome e Júnior no final: portanto, ele tem exatamente o mesmo nome que o pai. É possível que o menino carregue essa identidade como um fardo, se sinta como uma cópia ruim do pai, e lute para se diferenciar desse ser brutal e doente, para existir por si mesmo. Eu o vejo como um homem que não sabe quem é, com uma vida que não lhe pertence, ou pior, cuja vida já está escrita. A confusão rapidamente se transforma em autoaversão. O menino é uma reencarnação do mal. Sou esse homem que odeio. Insuportável.

Quando finalmente se separa do marido, Maria encontra refúgio na igreja evangélica do bairro, cujo número se multiplica em C. e no Brasil com um verdadeiro frenesi, ao mesmo tempo "nova era" e conservador. O pastor se torna seu principal apoio no divórcio, lhe oferece assistência espiritual, material e um lugar para passar os dias cantando o amor de Jesus e erguendo os braços ao céu. As cartas que ela envia ao filho transbordam de carolices marcadas pela presença protetora do arcanjo Gabriel, sua paz e sua luz, seu caminho banhado de amor e alegria, suas orações intermináveis e sua eterna bondade. Maria é um coração simples que adora o filho incondicionalmente, e isso é dizer pouco.

Um poema que ela lhe envia permite julgar a extensão de sua devoção. Quase livre de sua habitual retórica evangelizadora, a mensagem em versos é enviada pelo WhatsApp. O amor que ela sente pelo filho se revela quase divino, acolhendo sob sua asa materna e ingênua as contradições mais flagrantes que se apresentam em um jorro de adjetivos: o filho aparece alternadamente como dispersivo e trabalhador, Don Juan e fiel, íntegro e corrompido, honesto e desonesto. Uma cegueira terna, pontuada de vocativos, imprecações, estrofes destinadas a lhe assegurar que ela não mudaria nada se tivesse que fazer tudo de novo, que sua maternidade, ainda que dolorosa, suas noites, ainda que longas e solitárias, tinham sido uma alegria incomparável. Dois trechos, no entanto, me parecem sem explicação. O primeiro evoca um perigo vivido no momento do nascimento, mas não permite determinar se foi Maria que quase perdeu a vida ao dar à luz, ou o bebê que quase morreu no parto. Adivinho, porém, a tragédia inaugural, o drama que marca a ferro quente esse amor absoluto, resgatado, salvo por milagre. E há uma expressão enigmática, "bem dotado", que parece se referir à virilidade de Ricardo. A mãe se vangloria do sexo generoso do filho, um estranho motivo de orgulho. Ela me lembra as mães iranianas, que constantemente falam com os filhos sobre suas "pequenas espadas" (e depois suas "grandes espadas"), que elas aplaudem e elogiam sem nenhum pudor. O apêndice viril como um orgulho materno acabaria causando muitos danos...

Ricardo, por sua vez, retribui o amor da mãe. Assim que sai de casa e, mais tarde, do país, ele lhe envia dinheiro, em espécie ou por ordem de pagamento, mas às vezes também lhe pede um pouco. Ele lhe envia presentes, enche-a de fotos e vídeos que mostram seus diplomas, sucessos, filhos. Ele mente para ela tanto quanto para as outras mulheres, se não mais. Para isso, usa um site chamado FACEinHOLE, que funciona como aqueles cenários que representam uma pessoa com um buraco no lugar da cabeça para qualquer um colocar o rosto e tirar uma foto. Com a diferença de que o FACEinHOLE realiza a montagem digitalmente e permite inserir um rosto em centenas de imagens: você pode ser super-herói, advogado, piloto, médico, atleta etc. Ricardo adora isso. É assim que envia à mãe uma foto de sua suposta "cerimônia de formatura em Paris", onde aparece com a roupa de graduando inglês, uma longa toga preta e um chapéu quadrado de laureado. Azar da pequena incoerência, o que importa é o status internacional. Obviamente, de seu bairro distante Maria não percebe a diferença. Também lhe envia uma foto supostamente publicada na "revista da companhia aérea" para a qual trabalha. Está vestido de piloto de avião no cockpit de um avião, posando com orgulho. Não é preciso ser especialista para notar que a montagem do FACEinHOLE é bastante grosseira. Mas sua mãe não parece notar, assim como não nota que, depois do nascimento da filha que ele diz ter tido na França, ele lhe envia várias fotos retiradas de bancos de imagens que mostram bebês diferentes. Maria não vê nada de errado, ela não é uma verificadora de fatos. Sua inocência ingênua é uma matriz que abre caminho para todas as amantes.

Mas ainda não chegamos lá. Por enquanto, Ricardo é um adolescente mal-humorado movido por um único sentimento: o ódio pelo pai. Ele odeia esse homem pelas agressões que sofreu, pelo mal que lhe fez, pela decadência, pela vergonha. Uma das chaves de sua personalidade perturbada certamente está nisso, e só lhe resta uma solução: deixar de ser quem é, mudar de nome e depois de vida, de identidade, e se reinventar. Alguns diriam matar o pai, ou ao menos varrê-lo para debaixo do tapete, fazê-lo desaparecer. O problema é que a coisa não funciona como ele gostaria: com a passagem do tempo, nenhum nome e nenhuma vida são suficientes para limpar essa mancha, inocentá-lo, preencher o vazio. Insaciável, frenético, viciado por essa busca interminável, Ricardo se torna uma espécie de Ulisses, condenado a vagar sem rumo pelo resto da vida, sem nunca descobrir quem é.

*

Manoel me confirma: para um adolescente da virada do século, X é vida. A menos de dez quilômetros de C., a cidade é um paraíso que parece um novo mundo. Quando os jovens querem ir a uma festa, eles vão para X. Um show, X. Para ir a um bar, marcam encontro em X. Para paquerar as garotas, X. Enfim, vive-se em função de X. Até mesmo os políticos tentam ir a X, brinca Manoel. As pessoas de

X, por sua vez, sonham em ir para São Paulo, enquanto os paulistanos querem ir para Paris.

Em X, há um shopping vistoso que acabou de ser construído, um verdadeiro templo do consumo perdido no meio de uma urbanização selvagem, inaugurado quando Ricardo tinha vinte anos. Estamos no fim dos anos 1990, o lugar é uma cidade dentro da cidade, tinindo de novo, cercado por um enorme estacionamento. Há uma centena de lojas de todos os tipos, cinemas, *fast-foods*, *donuts*, cafés, restaurantes. Os pisos imaculados brilham, reluzentes, as escadas rolantes se erguem e se cruzam com elegância. Bem no alto, no terceiro andar, uma enorme janela, realmente imensa, oferece uma vista panorâmica de uma paisagem desordenada que mistura arranha-céus e vegetação tropical, terrenos baldios e concessionárias de automóveis. No auge do verão, o ar-condicionado do shopping é delicioso. Na época do Natal, uma pequena pista de patinação no gelo é instalada no meio do centro comercial. Esses poucos metros quadrados de gelo fascinam os jovens de toda a região. Ricardo pega o ônibus até lá e às vezes volta a pé. A empresa de ônibus da região, Rápido Luxo Y, é alvo de muitos sarcasmos: "Não é rápida de jeito nenhum, muito menos luxuosa, e não leva a Y", brinca Manoel.

Ricardo começa a frequentar o shopping, a conversar com as garotas, aquelas que vêm matar tempo e aquelas que fazem uma pausa no trabalho. Ele tenta. Não acontece imediatamente. Ele tenta de novo. Fala de amor, diz algumas fórmulas mágicas emprestadas do primo, intensas, e acaba conseguindo.

Regina trabalha em um salão de beleza completamente envidraçado que se abre para a área de alimentação, com vários restaurantes. Ali, é possível ver e ser visto. É para ela que ele elabora uma identidade: "Ricardo Alexandre Vasconcelos Mantfiel". Um nome no qual encontramos um pouco de verdade, fantasia europeia, revolução mexicana (José Vasconcelos é um pensador e político mexicano) e elegância anglo-saxônica. É difícil dizer o que ele sente, o que pensa, por que se lança nesse jogo e o gosto que encontra nele. Mas tudo começa no shopping, com certeza.

Regina é a brasileira com quem Marianne e as meninas do "bloco" entram em contato, seu nome aparece em suas conversas. Não tenho dificuldade de encontrá-la, ela é bastante conhecida em X – bem, digamos que não passa despercebida. Ela não é a primeira namorada de Ricardo, mas é uma figura central e me interessa por vários motivos. O retrato que faz não corresponde exatamente ao que eu imagino, nem ao que descobri até o momento. Ela se lembra, acima de tudo, de um rapaz sedutor que encantava as mulheres. Ele sentava em uma mesa e sorria para ela através do vidro, sem insistência, mas com um olhar devastador, realmente sedutor, um desses olhares tipicamente brasileiros, ela me diz, por seu falso pudor, sua audácia e pelas promessas que contém. A sedução é a especialidade de Regina, que posteriormente se tornará uma "profissional da beleza", penteando, maquiando e adornando com mil luzes as mulheres da alta sociedade de X para casamentos, festas e carnavais. Ela mesma é impressionante, uma loira voluptuosa vestida com um terno rosa-fúcsia, batendo os cílios postiços enquanto morde graciosamente os lábios muito carnudos. Para ela, Ricardo era o homem perfeito, aquele que todas as mulheres queriam.

Ele se apresenta a ela como médico, especialista em cardiologia. Apesar da pouca idade, já tem um jaleco com seu nome, fala de plantões e pacientes. Abagnale-DiCaprio se passava por piloto aos dezesseis anos. Regina vive sozinha em um apartamento novíssimo de um condomínio, um residencial privado de X, protegido e monitorado por vídeo, presente de seus pais. Ricardo nunca viu nada parecido. E adora.

Ele nunca menciona o fato de Regina ser uma pessoa trans que começou uma jornada de transição na adolescência, sendo operada aos vinte anos. Ele não faz perguntas, nunca menciona o assunto. Jamais. Eu não entendo muito bem como isso é possível. É difícil imaginar que o jovem seja *woke** antes do tempo, e suficientemente desconstruído em sua masculinidade para aceitar Regina como ela é, para perceber que ela ficará feliz se ele não der importância à sua transição e para amá-la em sua feminilidade vibrante e incontestável. Eu gostaria de acreditar, mas sinceramente duvido. Ricardo constrói seus personagens a partir de estereótipos de gênero, clichês tão batidos que é difícil imaginar que ele tenha pensado no que a experiência trans representa. É possível que o jovem casal tenha simplesmente tido uma vida sexual pouco aventureira. E como Regina não é militante, nem muito falante sobre sua identidade (embora a mencione sem dificuldade), ele poderia não ter notado. Mas não é o caso: a profissional de beleza, pelo contrário, elogia um amante incrível, imaginativo, entusiasmado, realmente *bom, muito bom*. O que complica a interpretação.

---

* A palavra "woke" pode ser traduzida para o português como "consciente" ou "desperto". Trata-se, como empregada aqui, de uma gíria da língua inglesa que significa estar ciente e atento a questões de justiça social e igualdade, especialmente em relação a sexismo, racismo e outras formas de opressão. [N.E.]

Carolina e Kasia, a quem finalmente me atrevo a fazer algumas perguntas tímidas, não têm essa experiência de intimidade com Ricardo, aparentemente pouco convincente na cama. *Ele não dura muito*, diz uma delas. Para Kasia, esse não é um obstáculo para seu projeto, para seu plano de vida cuidadosamente pensado. Com Carolina, às vezes ele precisa de um pequeno estímulo, e então ela se mostra paciente, tenta ser gentil e, no fim, *acaba dando certo*. Sejam quais forem as razões ou causas, uma fragilidade se revela, uma fraqueza, um lugar obscuro, que faz de Ricardo um ser humano quase como os outros. O impostor não é um super-homem, nem um predador sexual, e imagino que, com o tempo e a idade, sua agitação cerebral mitomaníaca e narcisista deixe pouco espaço para a excitação ou para a imaginação erótica. Já há coisa demais lá dentro.

A menos que sua libido esteja em outro lugar. Para entender melhor, um amigo que se atrai por esse tipo de assunto e acha que não me interesso o suficiente pela vida sexual de meu "objeto" me recomenda assistir à primeira temporada da série *Le Bureau des Légendes* [O Escritório das Lendas]. O ponto de partida é um agente secreto que vive seis anos "sob legenda", isto é, com outra identidade, e não consegue deixar o personagem para voltar à vida normal. A psicóloga do serviço de inteligência, que ele é obrigado a consultar, explica que o que mais se aproxima da vida dos agentes secretos é o adultério. Aqueles que viveram uma infidelidade, diz ela, sabem que o que mais gostam é da vida dupla, do segredo, mais que do relacionamento em si. E o que lhes faz falta quando voltam à vida normal não é tanto a pessoa quanto o contexto, a atmosfera, o clima de mistério que os tirava da rotina.

A dissimulação substitui o erotismo, e a mentira seria um prazer tanto para Malotru (o codinome do agente na série) quanto para Ricardo. Da mesma forma, as cerimônias de dominação e submissão formariam quadros imaginários sofisticados, cenários elaborados, onde nada realmente sexual ocorre, mas que valem por uma relação sexual.

A interpretação de Regina varre para longe todas as minhas hipóteses. Para ela, a indiferença fingida ou real de seu antigo parceiro em relação à sua experiência de gênero não tem nada a ver com sua libido. Para ele, branco, gordo, magro, alto ou baixo, homem ou mulher, cis ou trans, não importa. O que importa para Ricardo é o que ele pode obter das pessoas, o que pode tirar delas, roubar delas. As palavras são dela. É preciso dizer que a história acaba mal entre eles. Um dia, enquanto Regina está fazendo exercícios com seu treinador, Ricardo aproveita um momento em que fica sozinho em seu apartamento para roubá-la. Na verdade, leva três objetos: um colar de ouro, um anel com brilhantes e um candelabro de vidro de Murano. As câmeras de segurança do prédio o identificam sem sombra de dúvida, saindo sorrateiramente com o saque dentro de uma mochila. Regina, revoltada e humilhada tanto pelos roubos quanto pela quebra de confiança, chega à conclusão definitiva de que Ricardo não passa de um *vigaristinha de merda*, provavelmente associado a uma gangue de homens do mesmo tipo que rouba casas. Na delegacia onde faz a denúncia, Regina pergunta meio rindo se pode bater nele quando for preso. Quinze anos depois, diz que se o encontrasse na rua ainda quebraria sua cara *bem direitinho*. Ou que o cortaria em pedaços, bem picadinho.

Naquela época, Ricardo não é cirurgião nem estudante, não faz parte de uma gangue, de que não encontrei qualquer vestígio. Aparentemente, ele trabalha como operário qualificado em uma fábrica de automóveis. Acaba de completar o serviço militar de um ano, obrigatório a partir dos dezoito anos, do qual volta de mãos vazias para seguir o caminho já traçado para os jovens da região. No entanto, o shopping lhe dá uma ideia, ou melhor, um conceito: a franquia. O Boticário é uma rede de lojas comparável à Sephora, com preços mais acessíveis. Ricardo percebe que em X há duas lojas O Boticário no centro da cidade, além de uma ao lado do salão de Regina. Por outro lado, no shopping da cidade ao lado, outro "monstro" que cresce na cidade grande, não há nenhuma. Ricardo então convida Gisele (futura denunciante, da época de Regina) para gerenciar a franquia O Boticário que ele acabou de adquirir, para que os dois possam abrir a loja juntos. É uma oportunidade de iniciar um negócio, ganhar mais dinheiro, progredir. O Brasil está em pleno *boom*. Lula e seu Partido dos Trabalhadores chegaram ao poder em 2002, e com eles uma política social audaciosa de combate à pobreza e à desnutrição e de acesso à saúde e à educação. O famoso Bolsa Família, um auxílio que se assemelha à renda básica universal, beneficia vinte por cento das famílias brasileiras, ou seja, onze milhões de lares em 2010, e impulsiona a economia como um poderoso estimulante. A tão esperada classe média começa a emergir e, com ela, o consumo a crédito e o espírito empreendedor. Milhões de brasileiros, acreditando que uma nova geladeira lhes trará felicidade, se endividam por décadas, outros abrem pequenos comércios, criam serviços até então desconhecidos, antes de se depararem com as dificuldades de manter esses avanços. Mas isso será mais tarde.

Por enquanto, Gisele se deixa convencer pelo projeto. Pede demissão do consultório odontológico onde trabalha como protética para se lançar, com seu amante, na aventura dos anos Lula.

A jovem não parece muito preocupada por Ricardo já ter lhe pedido emprestado uma quantia considerável, para pagar o tratamento médico da mãe e duas viagens ao exterior, cinquenta mil reais pelo menos. Ela também investe seu tempo e sua pessoa na loja. Animado com a perspectiva de contratar funcionários, adaptar a estratégia de marketing do Boticário a seu gosto e pensar sobre a inauguração, o casal fica em ebulição. Mas a relação entre Ricardo e o franqueador logo se tensiona, surgem complicações, a abertura é adiada até que o ex-futuro franqueado desaparece sem dizer uma palavra. Gisele está grávida. *Vigaristinha de merda*.

*

Naquele ano, também estou no Brasil. Depois de anos de tratamento de fertilização assistida, conduzido com tenaz voluntarismo, de punções e de consentimentos informados, finalmente comemoro o fato de estar grávida aos quase quarenta anos. Mas logo descubro que terei que desistir de meu projeto de vida idealizado, uma família de comercial de margarina, com um papai e uma mamãe sob o mesmo teto. Por volta do quinto mês, descubro que terei que viver minha gravidez sozinha, e também o futuro. Claramente, não entendi direito ou não quis entender o projeto do homem com quem compartilhava a vida, dirão os defensores do "ela não quis ver". Como Marianne, Gisele e outras mulheres que estiveram grávidas de Ricardo, me vejo com a tristeza e a raiva como únicas companheiras. Elas se assemelham ao ódio implacável de

Kasia, cujo projeto de vida pulsante desmorona abruptamente, à amargura enojada de Marianne, ao desejo de vingança de Regina, humilhada por não ter entendido nada. Depois de algumas tentativas vãs de compensações, desisto de me lamentar e decido pegar meu bebê e ir para o Brasil, para o Rio de Janeiro, onde tenho bons amigos.

Descubro um país vibrante dentro de sua bolha econômica. Há um frenesi quase palpável no ar, obras e construções por toda parte, favelas em processo de "pacificação", nas quais milhares de jovens dançam em *bailes funk*. Os salários não seguiram a mesma tendência: ainda é possível contratar uma babá em tempo integral (vinte e quatro horas por dia) por duzentos e cinquenta euros por mês, ou cento e trinta em meio período, ou seja, doze horas por dia. Engulo minha vergonha de classe pós-colonial e contrato várias babás por essa tarifa escandalosa, dizendo para mim mesma que sou uma vítima e tenho direito a essa compensação. Assim, passo vários meses enxugando minhas lágrimas e dissipando minha amargura enquanto bebo na praia de Ipanema ou me divirto em festas sofisticadas para as quais meus compassivos e alegres amigos me levam. Em português, só conheço nomes de coquetéis e marcas de fraldas. Guardo um carinho exagerado pelo Brasil, que me salvou do ressentimento, e por essas babás que me permitiram dançar.

Desde então, porém, poucas coisas me abalam tão intimamente quanto uma mulher que precisa dar à luz sozinha e passar os primeiros tempos da maternidade com a imensa fragilidade de uma jovem mãe em pânico que se sente feia, miserável e acorda quatro vezes por noite, como um prisioneiro de Guantánamo privado de sono e compreensão. Compartilho a raiva que anima essa mulher, conheço sua vida, suas noites, as de Gisele, que terá uma filha de Ricardo, de Pérola, outra mulher que, segundo Regina, teria dois filhos, de Marianne, é claro, de Sandra, na Argentina, que teve um menino com ele, de uma mulher que mora no Nordeste, perto de Recife, e cujo filho pede pensão alimentícia ao pai pelo Facebook. Sei que minha vida é, de certa forma, privilegiada em comparação à delas, mas ao conhecê-las durante minha investigação, sinto que faço parte de um novo "bloco": o das mães solteiras do mundo inteiro.

Dezesseis anos depois do nascimento de meu filho, também entendo o que fui buscar no Brasil na segunda vez, seguindo os passos de Ricardo: a certeza de que preciso superar o fascínio que sinto por esse homem e por aqueles que conheci, e escolher meu lado. Estou do lado das mulheres que lutam para permanecer fortes, para dar conta do recado. Estou com elas, acredito nelas. E sinto que pertenço a essa parte solidária e poderosa da humanidade que me faz bem.

Na verdade, essa tomada de consciência começou um pouco antes de minha segunda viagem ao Brasil. Como uma esponja de minha época, ou como essas pessoas que escolhem um nome super original para seu filho apenas para descobrir que escolheram o mais comum do ano, fui arrastada sem perceber pelo movimento #MeToo. Por volta de 2018, decidi de repente enviar uma série de e-mails acusatórios e recapitulativos, encerrando abruptamente vários anos de relacionamentos amorosos em diversos níveis. Insurgi-me e parei de aceitar vínculos ruins, meias-verdades, ligações assimétricas, contratos tácitos com cláusulas degradantes. Listei nesses e-mails tudo o que eu havia engolido, por medo, vergonha ou orgulho. Fiz um inventário das humilhações, das negligências, das pequenas crueldades de que me lembrava até o menor detalhe. Tudo isso poderia parecer trivial em outra época, ou mesmo "histeria", como se dizia, pois não fui espancada nem estuprada, mas era o momento de me livrar de um padrão cujo nome eu aprenderia muito mais tarde com as jovens feministas. Essas cartas amargas, escritas sob o impulso de uma raiva cuja origem eu desconhecia, eram acompanhadas de um veto do direito de resposta e da promessa de que, mesmo que ele fosse desrespeitado, eu não as leria. Precaução satisfatória, mas inútil, porque não recebi nenhuma. Mas foi assim que pus um fim definitivo a uma parte de minha vida e parei de ter medo. Eu provavelmente me radicalizei, talvez tenha sido ridicularizada, mas me sinto menos sozinha desde que estou sozinha.

*

À medida que Ricardo comete seus crimes, a história ganha destaque na região. Um artigo intitulado "O Don Juan manipulador" é publicado na imprensa local em 2011. No final do artigo, um número de telefone disponibilizado para quem tiver mais informações sugere que ele tenha feito muitas vítimas. Dez anos depois, o número continua disponível na DIG, delegacia de investigações gerais de X, que inicialmente me direciona para as informações abertas ao público. A justiça brasileira tem, em comum com o sistema sueco, que conheço um pouco (e com outros que desconheço), uma total transparência. Os processos e julgamentos estão disponíveis *on-line* para qualquer um. Basta conhecer os verdadeiros nomes e sobrenomes de Ricardo, pesquisá-los no Google, e os processos aparecem sozinhos. Assim como Marianne, subitamente mergulhada na vertiginosa vida digital de seu companheiro, me deparo com uma constelação de vítimas e denunciantes que fazem minha cabeça girar. Há relatórios policiais, queixas, investigações, condenações que demoro a desvendar. A primeira ação judicial é movida por uma mulher chamada Tatiana e data de junho de 2003, quando Ricardo tinha vinte e quatro anos. Mas não há detalhes porque o sistema ainda não estava informatizado. Eu nunca tinha ouvido falar nela e não descobri muito mais, apesar de meus esforços. Três anos depois, em 2006, ele é preso por falsificação e uso de documentos falsos, condenado e brevemente detido na penitenciária Mário Moura Albuquerque Franco da Rocha, em São Paulo. Não fica muito tempo preso. Em 2011, é lançada pela DIG uma série de investigações que envolve fatos ocorridos em 2009 e 2010 relatados por Flávia, Regina e Gisele – que, portanto, não são as primeiras vítimas, ao contrário do que eu pensava. Em 27 de outubro de 2011, um mandado de prisão é emitido. Novas mulheres testemunham: Débora, depois Juliana, que busca a justiça por um incidente ocorrido em 2009. Em seguida, encontro uma prisão em 2014 por posse de documentos falsos, porte ilegal de uniforme e novas queixas de duas mulheres, Nélida e Rosa. Uma certa Pérola é citada como testemunha. Em 13 de dezembro de 2012, Ricardo é condenado em primeira instância a dezesseis dias de sanção pecuniária e um ano e oito meses de reclusão em regime semiaberto. Uma sentença da qual ele recorre. Em 2014, uma nova queixa por roubo é registrada por uma certa Ana Rita.

*

A cena a seguir ocorre na DIG de X, durante minha estadia no Brasil. Maria Leopoldina de Alencar, delegada de polícia com olhos de águia e temível reputação, é assistida por Sílvia Maria Pereira, atenciosa e esguia. Aquele é o caso de suas vidas. Elas ainda se parabenizam: foi a prisão mais interessante que fizeram em trinta anos de carreira, *uma imensa felicidade e um grande orgulho*. No início, seus colegas homens riram delas. Não daria certo, *o sujeito é inteligente demais*. Mas, legalmente falando, elas estão firmes, há várias queixas e antecedentes. Localizá-lo é outra questão: onde prendê-lo, com que estratagema? As duas mulheres confabulam, se encorajam, lançam ideias ao ar e se empolgam. Maria Leopoldina é o cérebro da equipe. Sou solicitada a registrar que ela é doutora em criminologia e graduada em psicologia. Ela se coloca na pele do assassino, ou melhor, do sedutor, e pensa como ele. O que ele quer, acima de tudo? Qual sua motivação? Seu ponto fraco?

Elas contam com gosto a proeza que realizaram, interrompem uma à outra, fazem comentários, e têm uma única discordância. Para Maria Leopoldina, Ricardo é um homem comum, nem bonito, nem musculoso, realmente comum. Ele não é inteligente, apenas esperto, não é simpático, é calculista. Sílvia, pelo contrário, não nega seu charme, suas roupas bonitas, sua aparência altiva e seu perfume delicado. O que ele ama acima de tudo, conclui Maria Leopoldina, é o dinheiro, é por meio do dinheiro que elas devem agir. Com a cumplicidade do diretor de um banco, as duas mulheres preparam uma armadilha diabólica para sua presa. O enredo, cuidadosamente elaborado, consiste em usar contra Ricardo suas próprias armas, inventando uma história mirabolante, mas verossímil.

A ação começa com um telefonema de Maria Leopoldina, que desempenha o papel de uma funcionária de banco. No escritório da DIG, à minha frente, ela pega o telefone no balcão e repete a cena com a satisfação de um Louis de Funès* em seus papéis mais ardilosos e obsequiosos.

— *Um depósito de três mil reais parece ter sido feito em sua conta, senhor Ricardo, mas o remetente não é mencionado. O senhor precisa passar na agência para confirmar o depósito. Não podemos devolver o dinheiro ao depositante, pois não sabemos quem ele é, senhor Ricardo. Confira seu extrato, e se encontrar essa quantia, nos ligue, a operação não será demorada.*

Ao desligar, Maria Leopoldina aposta com Sílvia que ele ligará em quinze minutos. Dez minutos depois, o alvo liga para a DIG, pensando estar falando com o banco. Sílvia atua como telefonista e passa o vilão para a colega. Antes disso, as duas mulheres haviam providenciado com o banco para que a quantia aparecesse na conta de Ricardo com a observação "pendente de regularização". O que ele de fato constata. Maria Leopoldina o convida a passar na agência quando quiser e lhe garante que a operação não levará mais de cinco minutos.

Embora eu tenha ouvido várias vezes a encenação das duas mulheres sorridentes, devo admitir que não entendi muito bem suas sutilezas. Exceto que elas o fazem acreditar que um depósito foi feito em sua conta e que ele precisa

---

* Louis de Funès (1914-1983) foi um dos mais famosos comediantes franceses, conhecido por seu talento cômico e expressões faciais exageradas. [N.E.]

ir à agência para retirar o dinheiro. Uma semana depois, Ricardo aparece na agência de X. É conduzido ao primeiro andar, a uma sala de espera, enquanto o diretor do banco chama a polícia. Maria Leopoldina chega com dois colegas. E quando Ricardo se levanta para ir ao escritório de seu consultor, os policiais se aproximam discretamente, o algemam e o retiram do banco.

Durante o interrogatório, Sílvia se dá o prazer de provocar Ricardo. *Então, Don Juan, agora não parece tão esperto assim, hein? Não quer vir até minha casa, poderíamos nos conhecer melhor...* Maria Leopoldina não se permite esse tipo de comentário. Ela desempenha seu papel, imbuída de gravidade. Ricardo, igualmente imperturbável, não diz uma palavra. A seguir, elas divulgam sua foto no jornal local acompanhada de um chamado por testemunhas e conseguem mais material para engrossar um processo já bem fornido.

Na delegacia, as duas policiais mantêm a modéstia. Mas ainda se lembram daquela prisão como uma revanche contra o machismo da instituição policial. Esse episódio me lembra da aventura de Pinóquio, mentiroso entre mentirosos, que é facilmente convencido pelo gato e pela raposa de que, enterrando suas preciosas moedas de ouro, elas crescerão e darão origem a uma árvore carregada de ouro. E assim ele perde todo o seu dinheiro, caindo ingenuamente em uma armadilha.

Todos os crimes atribuídos a Ricardo são mais ou menos semelhantes. Uma rotina que agora nos é familiar, mas que estava sendo aperfeiçoada à época. Os primeiros documentos falsos são portugueses, nacionalidade que desaparece depois que ele chega à Europa. As outras acusações se resumem a fraude, qualificação que se baseia nos três requisitos a seguir: uso de artifício, engodo ou qualquer outro meio fraudulento, manutenção da vítima no erro e obtenção de vantagem ilícita em detrimento de outrem. Para uma das vítimas, são nove mil reais, que ele promete fazer render e nunca devolve. Depois há o projeto de uma viagem romântica a Paris para a qual ele vende um carro (dela) por dezenove mil reais. Eles nunca vão para Paris (bem, ela nunca vai), e ele fica com o dinheiro. Outra mulher calcula ter gasto treze mil reais em compras e empréstimos diversos antes que ele a deixe sem devolver seu carro (mais um). Esse mesmo carro é usado para transportar os objetos que ele rouba do apartamento de Regina. De Gisele, ele pega emprestado e lhe deve cerca de cinquenta mil reais. E assim por diante, até Ana Rita, que presta queixa porque Ricardo comprou uma televisão a crédito em seu nome e com sua conta, quinze parcelas de 142,70 reais, totalizando 2.140 reais.

As quantias não são muito maiores do que as obtidas de Marianne ou Carolina, mas em relação ao padrão de vida no Brasil, onde o salário-mínimo, em 2024, é de apenas 1.600 reais por mês, é muito dinheiro. As acusações têm mais chances de prosperar, portanto, porque as motivações são maiores, mas também é por isso que ele não recebe penas pesadas, pois as quantias são modestas. Proporcionalmente, deve-se observar que com o tempo ele "pega emprestado" ou rouba cada vez menos dinheiro.

Preso, Ricardo passa alguns dias na detenção e depois é solto. É nesse momento, eu presumo, que ele entra em uma quase clandestinidade e adquire o hábito de criar pseudônimos. Maria Leopoldina já se aposentou, mas mantém laços com a DIG e um gabinete onde me conta essa vitória histórica.

*

Dois anos se passaram. Estamos em 2013, Ricardo tem trinta e quatro anos, vários empregos fictícios no currículo, mas este é diferente: policial, como os homens de sua família. Ele não passa na prova, como Romand, que simplesmente não compareceu? É nesse momento que ele mergulha em uma realidade "aumentada"? De todo modo, trata-se de uma virada em sua vida, pois ele se empenha em se tornar um falso policial modelo.

Desde o início, mira mais alto que os primos: escolhe a polícia militar, um corpo encarregado da manutenção da ordem que de militar tem apenas o nome. Seu cargo envolve ações de campo e uma missão de inteligência, tipo polícia interna. No Brasil, esses policiais são tristemente famosos pela prontidão em sacar armas de fogo e apontá-las para pessoas menos brancas e menos favorecidas financeiramente. Eles se destacam em 2023 ao apoiar a tentativa de golpe pró-Bolsonaro em Brasília. A seu favor, digamos que os uniformes azul-esverdeados são bastante elegantes. Conseguir um é o primeiro passo do projeto de Ricardo. Ele tem essa ideia ao ler o obituário de um policial morto em serviço (assassinado por um colega) publicado no diário oficial, que detalha o valor da indenização recebida pela esposa do policial (cem mil reais: bastante dinheiro) e seu nome? Ou será Nélida, uma de suas companheiras da época, que conhece a mulher do policial e os coloca em contato? Talvez um pouco dos dois. Seja como for, Ricardo visita a viúva e apresenta suas condolências em nome da inspeção geral da polícia militar. Ele foi encarregado de garantir que não lhe falte nada e de recuperar os uniformes do falecido marido, se ela não quiser guardá-los. O uniforme cotidiano e o de gala. A viúva se chama Rosa e se deixa convencer pelo jovem inspetor em trajes civis. Ele não arrebanha os cem mil reais, mas os uniformes parecem ter sido feitos sob medida. Adquire os outros acessórios em uma loja especializada: colete à prova de balas, calças, botas, camiseta e a arma falsa da qual nunca se separa.

A partir desse momento, usa o uniforme em todas as circunstâncias, deixa a arma em cima da geladeira e ninguém faz perguntas. Entra nos ônibus pela porta da frente e passa gratuitamente com sua falsa identificação de policial. Recebe muitas chamadas telefônicas com o nome CORREGEDORIA, ou seja, "Assuntos internos". Nélida, uma das denunciantes, lembra-se de uma noite em que ele desligou o telefone chorando porque um colega havia sido morto durante um sequestro de crianças. Ricardo sai apressado do churrasco em que eles estão para se juntar à sua unidade. Algumas horas depois, a mesma Nélida descobre o referido sequestro nas notícias. Olhando para trás, ela acredita que ele provavelmente hackeou a frequência da polícia ou algo do tipo. Ele também lhe mostra vídeos das operações especiais que lidera, nas quais claramente aparece dentro de um carro da polícia militar. Ela identifica sua voz e seu rosto. Isso e outros indícios me levam a pensar que talvez ele tenha conseguido se infiltrar na polícia, pelo menos por um tempo.

Lembro-me de que, há cerca de dez anos, na França, um certo Jean-Philippe Gaillard, também conhecido como Philippe Gaillard ou Philippe-Olivier Gaillard, que se apresentava como ex-piloto de caça da Marinha Nacional e engenheiro de aviação civil, foi selecionado entre dezenas de candidatos para dirigir o aeroporto de Limoges.

O homem que o recrutou à época, presidente da câmara de comércio e indústria, ficou impressionado com seu currículo e seus conhecimentos. Uma vez no cargo, ninguém teve qualquer sombra de dúvida sobre suas habilidades e experiências. Os serviços de aviação civil, de gendarmaria e de alfândega não desconfiaram de nada, nem os oitenta colaboradores que trabalharam sob suas ordens por mais de três meses. No entanto, Jean-Philippe Gaillard nunca havia pilotado um avião nem estudado aviação. Pascale Nivelle conta no jornal *Libération* que, no fim, o impostor não foi descoberto por alguma incompetência, mas porque se vangloriou em uma entrevista na France 3 e uma ex-companheira o reconheceu. Ricardo tem a mesma habilidade. Conhece as regras, as atitudes, o vocabulário e a vida cotidiana da polícia e do exército. Ele teria aplicado à risca o lema de Frank Abagnale Jr., seu herói: "Continue mentindo, até que se torne verdade".

Até que, numa bela manhã de setembro, como o cirurgião torácico que encontra uma colega em um casamento, Ricardo se vê cara a cara com um policial que não conhece, Joaquim.

Para entender essa parte da história, é preciso voltar alguns meses. Ricardo mora (entre outras casas) com uma das mulheres que testemunham contra ele, Pérola, em um pequeno prédio de um bairro de classe média de X: nada comparável ao luxo de Regina, mas um teto confortável. Durante uma reunião de condomínio em que ele representa a "esposa", Ricardo, com seu uniforme de policial militar, oferece seus serviços ao síndico para garantir a segurança do prédio, que é regularmente invadido por crianças da favela vizinha. Sua oferta generosa é recebida com gratidão por Nélida, a advogada do síndico. Ricardo aproveita a oportunidade para perguntar discretamente se ela pode recebê-lo para um conselho sobre o processo de divórcio que ele pretende iniciar contra Pérola – de quem obviamente não é o marido legal. Emergências de trabalho, infelizmente, o levam a cancelar várias das reuniões que ela gentilmente concorda em marcar. Ou ele aparece, mas precisa sair imediatamente, sem ter tempo de dizer mais do que alguns elogios bem escolhidos. Como quem não quer nada, Ricardo começa a ocupar uma parte dos pensamentos de Nélida, a faz esperar e planta uma semente que começa a crescer. Os adiamentos e cancelamentos são temperados com narrativas fantasiosas de operações policiais ultrassecretas que depois aparecem na imprensa e na televisão (o que reforça minha hipótese de que ele tinha informações de primeira mão).

Ele logo consegue a adesão total dessa futura bolsonarista, vinte anos mais velha, que gosta de ordem, segurança, polícia e sucumbe a seus encantos. Ela detesta o Partido dos Trabalhadores, Dilma Rousseff e sobretudo Lula, investigado em vários casos de corrupção, lavagem de dinheiro, desvio de fundos e obstrução da justiça. Seus amigos encorajam fortemente a advogada a recomeçar a vida com aquele homem sério, bonito e aparentemente apaixonado. (Amigos odeiam a solidão). No processo, Ricardo descobre seu ponto fraco, um irmão desempregado – um peso para a família –, e se torna indispensável prometendo envolver o garoto em um obscuro negócio de reboques, que no entanto exige alguns investimentos prévios: quinze mil reais, para os quais Nélida faz um empréstimo. A continuação da história é previsível. Mas não a dedicação de Ricardo em garantir a segurança do prédio. Ele instala câmeras de segurança por toda parte, compra um *walkie-talkie*, se mantém ocupado. Até que ele pega um menino em flagrante, roubando justamente uma câmera de segurança. É Nélida que me narra a cena. Ricardo pega o garoto, o pressiona contra a parede e aponta a arma para sua cabeça: "Você tem dez minutos para trazer a câmera de volta, senão morre".

A advogada fica horrorizada: o garoto, apavorado, tem menos de quinze anos, é um pobre ladrão de galinhas. A atitude do policial lhe parece desproporcional e nada profissional. O garoto retorna com o saque, mas Nélida guarda um gosto amargo daquela cena. Ou Ricardo é perigoso, ou não é policial.

Joaquim é o oposto, um tranquilo oficial da polícia municipal, honesto, firme em suas convicções. À primeira vista, parece um policial obtuso, um pouco tolo, bastante entediante. Olhando de perto, emana algo tranquilizador, sólido, um porto seguro. Ele nunca disparou um tiro na carreira toda e não se acha o Mel Gibson, como diz. Nélida, que cuidou de seu (verdadeiro) divórcio, tornou-se sua amiga. Ela naturalmente o apresenta a Ricardo. Os dois se dão bem: pizzas, churrascos, noites entre amigos intercaladas com telefonemas, emergências, emoções. Alertado por Nélida depois do episódio com o garoto da favela, não demora muito para que Joaquim descubra que o amigo de sua amiga não está nos registros oficiais da polícia militar ou dos serviços de inteligência.

Dessa vez, o crime não é pequeno, não se trata mais de um pequeno Don Juan que rouba vítimas logo consideradas culpadas de ingenuidade, mas de uma violação à segurança do Estado. Joaquim não vê a menor graça naquilo.

Ricardo está dirigindo o carro de Pérola quando é interceptado durante uma blitz de rotina montada por

Joaquim. É acusado de fraude e uso de documentos falsos – os documentos portugueses falsos, a falsa identidade policial –, roubo, porte ilegal de uniforme e arma, que, no fim das contas, não é um brinquedo. O restante de seu equipamento é encontrado no esconderijo que ele indica aos policiais, perto do aeroporto.

O réu passa a noite na delegacia, mas de manhã cedo é liberado para comparecer a uma audiência marcada para dois meses depois. Na verdade, as acusações não são tão graves, a queixa de Nélida por fraude não é aceita: o julgamento *in absentia** considera atípico o comportamento de Ricardo, pois não houve uso de fraude para obter uma vantagem ilícita, ele não desapareceu depois de obter os empréstimos concedidos pela suposta vítima e os empréstimos foram concedidos voluntariamente, sem qualquer engodo. O fato de o réu ter usado o dinheiro para outro fim que não o inicialmente mencionado e não ter pagado sua dívida às vítimas não é suficiente para caracterizar fraude.

Alguns dias depois, Ricardo, que desconhece a participação que Nélida teve em sua prisão, aparece na casa dela para dar uma terrível notícia: seu pai, em visita a Portugal, morreu afogado durante uma pescaria ao largo da costa (*soluços*). Tremendo de emoção, Ricardo declara que precisa partir imediatamente para repatriar o corpo e apoiar a avó, que mora lá. E outra coisa: há muito tempo, essa avó prometeu lhe entregar as moedas de ouro que guarda para ele desde o nascimento. Com esse dinheiro, Ricardo poderá pagar Nélida. (Ou plantá-las ao pé de uma árvore?)

---

* "Na ausência". Refere-se a processos ou julgamentos realizados sem a presença física do réu. [N.E.]

Ele suplica que ela o acompanhe nessa jornada, que o apoie nesse momento difícil. Por bravata e para ver até onde ele vai, a advogada não diz que não. Por um breve momento, Nélida também entra na brincadeira. No entanto, algo em seu comportamento alerta Ricardo, pois dez minutos depois seu telefone toca: o comando da polícia o autorizou a viajar com as forças aéreas brasileiras, ele não pode ser acompanhado. Estará de volta em uma semana.

Ricardo desaparece então dos radares e nunca mais volta ao Brasil, onde foi condenado em segunda instância pelos crimes de 2011.

Três anos depois, seu verdadeiro pai morre sozinho no Hospital de Caridade São Vicente de Paulo, em X. Tinha cinquenta e quatro anos. O atestado de óbito menciona traumatismo craniano, uso de drogas e alcoolismo, confirmando as informações que Nélida me passa. Sua mãe casou de novo há bastante tempo e tem outro filho, Fábio, que Ricardo apresenta como seu primo ou sobrinho, para quem suas sucessivas e simultâneas companheiras enviam presentes: um iPad, um Nintendo Switch, um computador... Quanto a Nélida, às vezes ela se permite sonhar que um dia ele voltará e que ela e Joaquim criarão uma situação de legítima defesa para que o policial possa atirar em Ricardo. Depois ela muda de ideia. O destino se encarregará de tudo.

6.

Seis anos se passaram desde que Ricardo deixou o Brasil, por volta de 2013-2014. Ele viveu na Argentina, na Espanha, perto de Valência, e por pouco tempo em Portugal. Encontro vestígios de sua passagem em endereços temporários, conversas *on-line* e negociações conduzidas por e-mail para obter documentos falsos. Ao que parece, ele está em contato com brasileiros que traficam todo tipo de coisas ilegais. Mas não descubro nada mais específico até 2015, quando se estabelece na França com as mulheres que conhecemos. Depois de vários rompimentos, ele deixa a França. Examinando suas trocas nas redes sociais, ouvindo os relatos daquelas que têm breves histórias com ele, vejo-o passar por Bélgica, Eslováquia, Escandinávia e até mesmo Israel, pelo Muro das Lamentações, em uma foto (manipulada?) que envia para Marianne. Em 2020, ele vive sobretudo em Cracóvia, onde se casou. Como a lei polonesa permite, ele adotou o sobrenome da esposa Beata, a *couchsurfer* que confere credibilidade a suas declarações. Ele precisa de mais alguns anos para pedir a cidadania polonesa, mas parece ter uma existência legal, com permissão de trabalho, documentos, uma esposa e um sobrenome polonês. Ele até teria um emprego, colegas, renda, uma vida comum, banal. Nesse aspecto, as informações coletadas por Marcin Magdón parecem bastante confiáveis, e não muito difíceis de obter.

*

Aqui começa a parte mais incerta de minha investigação. Depois de tomar todo o meu tempo, decido escrever para ele, sem tentar encurralá-lo ou mentir sobre meu objetivo. Vou contar o que sei e perguntar sua versão dos fatos. Quero preencher as lacunas, dar um contorno a seu personagem, dar-lhe um rosto. Na verdade, tenho dificuldade de acreditar que ele tenha parado, que não haja mais moedas de ouro da avó, jaleco branco, ligações telefônicas no vazio e lutos brutais, mas por que não? O papel do homem comum, do trabalhador honesto, fiel, integrado à sua comunidade, que separa seu lixo e tem os pés no chão poderia ser sua nova atuação. A menos que ele esteja exagerando na contrição, no arrependimento, na vergonha, como Jean-Claude Romand, que, em seu julgamento, discorre humildemente sobre o significado da verdade, sua incapacidade de dizer "eu", implorando um perdão que sabe ser impossível. Imagino, de qualquer forma, meu impostor suficientemente narcisista e jogador para aceitar me encontrar por bravata, ou para ter a oportunidade de apresentar uma boa imagem de si mesmo. Acredito que seja desprovido de empatia, mas não de emoções. O prazer narcisista figura no topo da lista. Relendo *O adversário*, sobre a história de Romand, uma frase dita por um psiquiatra nos bastidores do julgamento me encoraja: "Se ele não estivesse na prisão, já teria aparecido no programa da Mireille Dumas!". Quando pensamos que o programa dessa profissional da intimidade se chamava *Bas les masques* [Tirem as máscaras], a frase é ainda mais irônica.

Uma parte da minha empreitada tampouco está isenta de certa vaidade. Como uma fã à espreita de seu ídolo, quero vê-lo pessoalmente, *de verdade*, sentir o efeito que causa em mim, ver se se interessa por mim, me olha, tenta me seduzir. Também quero entrar no jogo, sentir a adrenalina do perigo, ter dois ou três passos de vantagem, me divertir com isso, me colocar em seu lugar. Não estou disposta a tudo, como o jornalista descrito por Janet Malcolm em seu livro *O jornalista e o assassino*, "que se nutre da vaidade, da ignorância ou da solidão das pessoas [...] ganha sua confiança e as trai sem remorsos". Mas não posso parar agora.

Um pensamento me ocorre e infelizmente contraria meu projeto protestante, honesto, mas não muito. Pergunto-me como não pensei nisso antes. Se eu confrontar esse homem, se eu o desnudar colocando diante dele essa montanha de mentiras e esses anos de investigação, não apenas será o pior que posso fazer a ele, me dizem os dois psiquiatras que acabo consultando, mas é óbvio que ele buscará identificar minhas fontes. Tentará intimidá-las de todas as maneiras, como no episódio do "bloco", ele as ameaçará, as perseguirá até o inferno, a elas ou a suas famílias. Essa é a última coisa que quero que aconteça. Quando entro em contato com Ricardo, uma de suas ex-companheiras está passando por um momento particularmente doloroso. Em hipótese alguma quero expô-la a receber um pedido de explicação, suave ou vigoroso, insultos ou mesmo ameaças. Sei que isso seria insuportável para ela. Agora que escrevo este livro, o perigo já passou. E quando ele for publicado, a fúria de Ricardo, se tiver que ser dirigida a alguém, recairá sobre mim, espero. Mas, naquele momento específico, submeter aquela jovem mulher e as outras a esse tipo de estresse me parecia inconcebível.

*

Tudo começa com uma foto que Ricardo envia para Marianne, muito depois de sua partida, orgulhoso demais para resistir. Na foto, ele está sorrindo em um pódio de três degraus, vestindo roupas de corrida com um número vermelho e as palavras *Krakow Corporate Run 2020*, com o logotipo de uma conhecida empresa de terceirização. A foto não foi retocada, mas isso não significa que os corredores ganharam a corrida: o pódio é apenas um cenário. Ao lado de Ricardo, três outros quarentões de shorts formam uma das equipes de corrida dessa meia-maratona organizada por jovens empresas para fazer *team building*, ou seja, unir equipes, fazer algo divertido em grupo. O evento é amplamente documentado em uma página especial com os nomes dos participantes de cada empresa. Ricardo tem colegas de trabalho, um se chama Juan, os outros dois têm nomes poloneses. Marcin me promete encontrá-los e verificar se Rico realmente trabalha para a empresa.

No início, não acredito muito, mas faço uma tentativa: afinal será apenas uma pequena mentira, uma fábula inofensiva. A coisa mais importante é não deixar transparecer nenhum vínculo com as vítimas, nem com a França. Então me transformo em uma jornalista suíça (por causa de meu sotaque francês quando falo inglês), meu nome é Sofia, estou baseada em Cracóvia. Uma colega polonesa (a tradutora do Zoom) e eu estamos interessadas em estrangeiros que conseguem se integrar na Polônia participando de eventos coletivos, como maratonas, organizados por empresas ou pela municipalidade. Estamos procurando corredores que concordem em discutir sua jornada de integração profissional e cidadã, e o significado dessas corridas para eles. Esse é nosso roteiro.

Tudo isso é organizado de Paris. Conseguimos um chip polonês para que as chamadas não mostrem minha origem francesa, nem apareçam como anônimas, o que sempre desperta suspeitas. Minha colega concorda em emprestar seu nome ao disfarce: ela publica regularmente artigos na imprensa polonesa, e isso pode ser verificado em poucos cliques.

Nós nos concentramos na *Corporate Run* de 2020 e entramos em contato com alguns participantes através das redes sociais. Mas não com Ricardo. Alguém precisa nos levar até ele, para que não pense que o estamos procurando. Para cada corredor que responde, explicamos nosso tema, nossa perspectiva, dizemos que queremos entrevistar perfis e nacionalidades variadas. Talvez haja outros corredores em seu círculo que possam participar de nossa reportagem? Vários maratonistas falam conosco pelo telefone, alguns concordam com encontros presenciais, incluindo Juan, que é espanhol e aparece na foto do pódio. Espontaneamente, o rapaz sugere avisar um ex-colega, um brasileiro que mudou de emprego desde então, mas fazia parte da equipe de corrida de 2020. *Ah sim, interessante, um brasileiro, por que não*, responde minha colega com desprendimento.

Estudos mostram que a sobrecarga cognitiva induzida pela complexidade da operação mental que é a mentira produz um estresse mensurável. É mais difícil para o cérebro mentir do que dizer a verdade. Naquele momento, porém, entrar em contato com Ricardo em nome de Juan para entrevistá-lo sobre maratonas corporativas me parece exatamente o oposto: sinto-me protegida, segura por trás dessa narrativa. Coloco minha capa da invisibilidade, me sinto leve, poderosa, um pouco agitada. Suponho que essas sejam sensações que Ricardo experimentou mais de uma vez: a ligação telefônica é emocionante, vejo o potencial para se tornar viciante. Adicionar detalhes à nossa história para torná-la verossímil e inspirar confiança vem naturalmente. Realizamos ao todo dez entrevistas por telefone. Ele teria amigos para nos recomendar, uma mulher seria bem-vinda em nosso painel, pois não encontramos nenhuma. Ricardo pensa em uma amiga mexicana que trabalhava na mesma empresa que ele, vai perguntar a ela. Depois, ligamos para os três corredores, Juan, a mexicana e Ricardo, marcando datas para entrevistas que, se eles concordarem, poderiam ser filmadas por uma rede de televisão local (*local* para não assustar muito e, ao mesmo tempo, obter imagens). Sugerimos a Ricardo um horário para um dia depois dos outros dois, apostando que eles vão telefonar para ele para contar tudo, se ele ficar preocupado.

Mas ele não fica. Nunca imaginei que o mestre da mistificação e da confusão seria tão facilmente levado a aceitar um encontro, ainda mais *filmado*. Mas ele não resiste e diz: *no problem, yeah*. Ele espera apenas que não faça muito frio, pois planejamos filmar uma cena de corrida ao ar livre. Depois se desculpa, diz que tem uma videochamada com sua equipe dentro de poucos minutos, precisa nos deixar.

Ao desligar, fico ali, sem reação, atordoada, impressionada com minha própria ficção. Brincadeira de criança. Ele não fez nenhuma pergunta. Em vez disso, preocupou-se em causar uma boa impressão, em ser profissional. Por que ele deveria duvidar? No cerne da linguagem, há a convenção tácita de que todos, *a priori*, dizem a verdade. Enquanto não houver motivo para duvidar, por que não acreditar? Ele e os outros. O pensamento que me ocorre depois é mais angustiante: "Teremos que ir". Aquela oportunidade, por mais louca que seja, nunca mais se apresentará. Depois de todo o tempo investido, das pesquisas lançadas e das perguntas sem resposta, retroceder parece simplesmente impossível. Mas aquela enorme mentira já começa a pesar sobre mim. Um medo difuso, mas avassalador, me domina, um efeito colateral da realidade que se traduz em um sólido nó no estômago, acompanhado de náuseas. A hipótese de que ele se tornou "respeitável", que se integrou de forma correta e leva uma vida ordenada aumenta meus escrúpulos.

Para acalmar a consciência pesada e a má digestão, decido abordar jornais poloneses e emissoras de televisão locais que possam estar *realmente* interessados em uma reportagem positiva sobre os simpáticos estrangeiros que desejam se integrar participando de maratonas. Encontro uma solução, *no problem*, abordar um tema que aliás é muito interessante: a corrida é um esporte democrático, gratuito, popular, mas não representaria a ditadura da boa saúde, de um ideal higienista? Além disso, correr por seu empregador implica uma identificação com o trabalho, "eu sou minha empresa", o que representa perigos reais para o equilíbrio mental. E as pessoas com excesso de peso? Com deficiência? E aquelas que odeiam correr? Elas não podem se integrar à sociedade polonesa? São questões fascinantes que proponho tratar em profundidade para interlocutores perplexos. O fato de eu não falar polonês não é um obstáculo, terei alguém para traduzir, é um assunto muito importante.

Ganho com isso a possibilidade de dizer, sem mentir, a frase: "Estou fazendo uma matéria sobre estrangeiros que correm maratonas". Um artifício que se assemelha à doutrina da restrição mental, popular entre os jesuítas. Acrescentar uma proposição como "eu digo que" à frase "os elefantes são rosa" cria uma afirmação que corresponde à realidade: não significa que os elefantes sejam rosa, apenas que eu disse que eles são. Outra possibilidade: omitir um elemento do contexto que modificaria o sentido da frase, mas estritamente falando a frase não é falsa. Esta última abordagem está próxima da prática da *taqiya*, que, no islamismo, autoriza a dissimular ou negar sua fé para evitar ser perseguido. Os xiitas, que foram copiosamente massacrados na famosa batalha de Carbala em 680 d.C., fizeram disso um fundamento de sua fé (*kitman,* em persa). A dissimulação racional tornou-se posteriormente uma estratégia de combate revolucionário e permitiu aos líderes da República Islâmica justificar todas as formas de traição. A hipocrisia do procedimento é flagrante. Mas eu me agarro a ele como a uma cândida honestidade.

*

Dez dias depois, Cracóvia respira com dificuldade em uma atmosfera gelada de fim de Covid, cheia de ruas desertas e olhares suspeitos. Estamos em novembro de 2020. As lojas baixam as persianas às dezoito horas, os restaurantes ainda estão fechados, e Marcin Magdón está em seu escritório. Ele me passa duas informações recentes e verificadas. Ricardo deixou a primeira empresa de terceirização e agora trabalha remotamente para uma empresa holandesa que lida com relações humanas. Ele ainda mora com Beata no mesmo estúdio de trinta metros quadrados onde o detetive entrou disfarçado, uma única grande sala com duas escrivaninhas nas quais os dois trabalham. Marcin é categórico: eles não têm filhos. Sempre que podem, viajam, como podemos ver nas redes sociais, que Beata alimenta regularmente com sóis poentes, pratos exóticos fumegantes, monumentos históricos, lagunas venezianas, *motorhomes* na Suíça, muros das lamentações. Não há rastro humano nas imagens, nenhum nativo, nenhuma foto dele ou dela, uma precaução que ele provavelmente pede depois de ter sido exposto pelas mulheres do "bloco". Ao ampliar sua foto de perfil no Facebook, porém, descobrimos um pequeno sinal de vida: o rosto dos dois, lado a lado, impressos em um ímã colado na geladeira.

*

Encontramos um pequeno café em Kazimierz, o antigo bairro judeu de Cracóvia, que abriu as portas especialmente para nós. Nos fundos, um jardim elegante com algumas mesas esquecidas entre folhas secas parece ter saído de uma longa hibernação. O dono liga um aquecedor externo cujas chamas se agitam bravamente. Um cenário frio, azul e aconchegante que parece à espera da entrada dos personagens.

No dia anterior, conduzimos entrevistas sobre maratonas com Juan e a jovem mexicana, dois simpáticos aficionados por corrida que compartilharam sua paixão conosco com entusiasmo. Depois nos dirigimos para fora da cidade para filmá-los por alguns minutos correndo como personagens de Kiarostami, serpenteando pelas encostas de pequenas colinas nuas, em um percurso vão e sem fim.

No dia seguinte, Ricardo chegou pontualmente usando uma máscara cirúrgica preta, removida para revelar um amplo sorriso. Vestia um casaco azul com capuz da marca Quechua e uma calça de moletom preta que não escondia os efeitos bem conhecidos do confinamento em sua silhueta. *Vocês podem tirar os seis quilos que ganhei durante a pandemia com efeitos especiais?*, ele perguntou mais tarde, com um ar cúmplice. Explicamos como seria a entrevista, mas ele já sabia: no dia anterior, Juan lhe contara sobre nosso encontro. O que mais me chamou a atenção foi seu olhar: seus olhos queriam estar em todos os lugares ao mesmo tempo, absorvendo a situação o mais rápido possível, examinando os detalhes e os pontos cegos.

Minha colega e eu fingimos decidir na hora que seria eu quem conduziria a entrevista, em inglês. Ele brincou: *Are you nervous?* Em dois segundos, ele tinha captado minha emoção. Impressionante. Instalamo-nos no jardim e nos oferecemos para maquiá-lo, ele fingiu recusar mas depois concordou, não descontente de receber os cuidados devidos a seu novo papel. Não se privou de certo coquetismo, mencionando várias vezes seus "olhos de panda", olheiras violetas bastante pronunciadas que eu não tinha notado nas fotos. Ele identificou imediatamente as duas câmeras que havíamos instalado e quis saber para qual deveria olhar.

Para começar, pedi que se apresentasse, e isso foi o mais difícil: dizer seu nome, quem era e de onde vinha. Ele recomeçou quatro vezes: primeiro, se embaralhou com a idade, então disse "*guy*" duas vezes na mesma frase, não gostou, então recomeçou. Na terceira vez, ele se enrolou e depois riu ou ficou constrangido antes de se recompor e finalmente conseguir declarar sua identidade e um pedaço de sua história. Me chamo Ricardo Nowak, tenho quarenta e um anos, sou brasileiro, de ascendência polonesa por parte de avô. Moro em Cracóvia há seis anos.

Ele falou de sua paixão pela corrida sem alarde, com profundidade e inteligência. Tinha se preparado, visivelmente. O assunto o inspirava. Mencionou sua primeira maratona no Rio de Janeiro, durante a qual, literalmente, quase morreu depois de trinta e cinco quilômetros, por causa das cãibras e da dor. Mas sentiu-se apoiado, como que carregado pela multidão que gritava "vamos, continue, aguente firme, vamos, não pare". Sem esses encorajamentos e o calor humano extraordinário que recebeu naquele momento, ele nunca teria chegado ao fim dos quarenta e dois quilômetros.

A corrida se tornara um vício durante o serviço militar, cerca de vinte anos atrás, quando havia ingressado na equipe de corredores do regimento. Ele nunca mais parara. Ao contrário de alguns, nunca corria para vencer, mas contra si mesmo, tentando melhorar a cada vez, se superar. Para ele, correr não era uma fuga, mas uma busca. Ele perseguia um objetivo, difícil de identificar, mas era isso: corria em direção a algo, não estava fugindo. Pensei então que bastava trocar *correr* por *mentir* para entender boa parte do que habitava a alma daquele homem.

Espontaneamente, ele atribuiu à corrida uma dimensão metafísica. Ao ouvir o som dos próprios passos, deixando-se levar pelo ritmo repetitivo, regular, ele se via projetado para outra dimensão. Sentia-se transportado: o mundo real desaparecia, a mente vagava e seguia caminhos inesperados, às vezes voltava à infância, a lugares onde havia vivido. No meio de mil corredores, o que ele mais ouvia era o silêncio. Até seu alarme soar indicando o fim da corrida.

Ele usava regularmente a expressão *to be honest* ["sendo sincero"] no início das frases, permanecia humilde e brincalhão, afável. Quando eu quis saber quem, entre Juan e ele, terminava primeiro, era como se eu estivesse perguntando a diferença entre um Fiat Uno (ele) e uma Ferrari (Juan)! Não dava para comparar. Pouco a pouco, relaxei, abri bem os olhos e comecei a aproveitar o espetáculo.

Em sua breve biografia, ele insistiu no fato de seu avô ser polonês e ter imigrado para o Brasil no início do século, para a cidade de Curitiba, onde de fato há uma forte comunidade de origem polonesa. Ele explicou que por isso carregava o sobrenome "Nowak", o mesmo de seu avô e de seu pai, e que assim tinha um pouco de sangue polonês. Mas foi ao falar de sua integração em Cracóvia, nosso foco principal, que ele deu o melhor de si. Com a esposa, conhecida em Paris por acaso, ele decidiu deixar a França depois dos ataques terroristas de 2015 para se estabelecer na Polônia. Tivera que deixar o emprego na indústria automobilística e, ao chegar, ficou desempregado por quatro meses. A esposa, polonesa, conseguiu uma transferência com mais facilidade. Durante o período sem trabalho, ele fez amizade com um grupo de homens que corriam em um parque perto de sua casa. Eles o acolheram calorosamente e ele se integrou à pequena equipe de corredores. Um deles, Pavel, morava no mesmo prédio que ele. E foi graças a Pavel, que se tornou seu melhor amigo (e o digno sucessor de Jean-Yves e Bill), e, portanto, à corrida, que conseguiu seu primeiro emprego na Polônia. Eu olhei para ele, surpresa e admirada, e murmurei algo como *Amazing!* [Incrível!] Ele confirmou *True story, no bullshit* [Verdade, não estou falando merda], antes de se desculpar por ter dito um palavrão. *Cortem essa parte*.

Uma coisa é ouvir fábulas relatadas por terceiros, outra é ter diante dos olhos alguém que mente para você sorrindo. Antes de viajar, eu tinha lido um estudo bastante completo sobre o "efeito Pinóquio", que não tem nada a ver com moedas de ouro, mas questiona a possibilidade de detectar a mentira observando modificações na fala ou no rosto, como o nariz de Pinóquio, que cresce. O artigo, escrito por um psicólogo forense do Quebec e por um ex-agente do FBI, compila vários outros estudos. Alguns, inspirados na programação neurolinguística, afirmam que o comportamento não verbal representa até 93% da mensagem que transmitimos e que a posição dos olhos, para cima, para baixo, para a esquerda ou para a direita, pode indicar se a pessoa está dizendo a verdade ou mentindo. Outros mostram, pelo contrário, que não há correlação alguma entre a direção dos olhos e a mentira. O mesmo acontece com microexpressões faciais, piscadas de olhos, inclinação da cabeça, que acabam não indicando nada definitivo. Os únicos sinais de mentira detectáveis seriam comportamentos rígidos como a redução dos movimentos corporais e o olhar fixo (sem piscar, olhando direto nos olhos). E, ainda assim, esses indicadores se referem mais à sobrecarga cognitiva da qual falei antes. Alguns estudos concluem que a fala fornece indicadores mais interessantes do que a linguagem corporal. Quando a pessoa mente, seu discurso apresenta mais hesitações, menos palavras, menos detalhes, mais omissões. Pessoalmente, eu observava o oposto. Mas quando Ricardo criou diante de meus olhos sua ficção mais ousada e arriscada, seus lábios se apertaram, seu rosto ficou imóvel e ele falou mais devagar. Aliás, no fim das contas, o psicólogo e o ex-policial concluem no artigo que poucos indicadores observáveis são realmente confiáveis, que o efeito Pinóquio não existe e que a única maneira de ter certeza absoluta de que alguém mentiu é conhecer a verdade. Esse era o meu trunfo.

Pelo que Ricardo dizia, a Polônia era um país maravilhoso. Seus habitantes eram calorosos, educados, sempre dispostos a ajudar, mesmo um estrangeiro que não falasse uma palavra de sua língua. Por nada no mundo ele voltaria ao Brasil, ele adorava seu país de adoção. Achava que os poloneses não percebiam a sorte que tinham de viver lá. Disse isso num tom animado, para mim e para minha colega polonesa. Algo como "Francamente, pessoal, ouço vocês reclamarem bastante desse país, que não teria nada, paisagens grandiosas, lugares legais, diversão. Vocês precisam conhecer a Polônia melhor. Acreditem em mim. Claro, vocês não têm as praias do Caribe, o mar não é tão azul, mas ainda é um país incrível: vocês podem descobrir lugares e pessoas maravilhosas, se tentarem". O ministério do Turismo polonês não faria melhor. Para tornar o discurso verossímil, ele tinha, no entanto, uma ressalva a fazer: o frio terrível, os invernos muito longos, os dias muito curtos. De todo modo, abaixo de vinte graus ele sentia frio! Rimos. Mas ele não estava brincando totalmente. Eu podia ver que ele estava começando a sentir frio ali fora, mas isso não me incomodou.

Eu tinha preparado outras perguntas gerais, mas não precisei fazê-las. Continuei falando sobre a corrida, a Polônia, a integração, sua vida no país. Então perguntei da maneira mais natural possível se tinha filhos e se eles corriam com ele. Seus lábios se apertaram ligeiramente, ele não se moveu e disse que tinha duas filhas, de seis e oito anos. Que infelizmente elas não gostavam de correr, que já estavam totalmente absorvidas por videogames, *tablets*, telefones. Mudei rapidamente de assunto para meu filho, igualmente obcecado com dispositivos digitais, uma verdadeira praga. Meu coração começou a bater mais rápido. Eu tinha encontrado o que viera procurar.

Ele mencionou as filhas mais duas vezes naquela manhã. Uma vez quando disse que corria de manhã "depois de deixá-las na escola", e outra quando saímos para filmá-lo em um parque que ele disse conhecer porque costumava correr lá com as filhas no carrinho de bebê. Ele explicou que prendia o carrinho nas costas e corria puxando as meninas. Na hora não me dei conta, mas depois verifiquei que de fato existe um carrinho de bebê para corridas. (Mas, certamente, não se coloca crianças de seis e oito anos em um!) Para disfarçar minha perturbação, respondi qualquer coisa. Mas suas duas filhas haviam mudado o rumo da entrevista para uma nova dimensão e deram às minhas buscas uma nova direção.

Até então, Ricardo havia mantido os filhos mais ou menos ocultos, não os inventava, exceto para sua mãe. No entanto, naquele jardim congelado, diante de duas câmeras e de quatro pares de olhos que não o perdiam de vista, eles haviam irrompido, se imposto a ele como uma característica de um quadro bem composto: um quarentão integrado, realizado no trabalho, esportista, casado e... feliz pai de duas meninas de seis e oito anos. Ele não conseguiu resistir, tudo se encaixava tão bem, ele precisava daquelas crianças.

Para entender bem o que ele estava fazendo, é preciso ter em mente que a entrevista estava destinada a ser *publicada* e que as imagens seriam supostamente *transmitidas* pela televisão, é claro que localmente, mas acessíveis a todos: sua esposa a veria, os colegas, os amigos, todo mundo comentaria e descobriria que ele estava mentindo. Porque ele morava sozinho com Beata em um pequeno apartamento, sem a sombra de uma criança. Beata sabia, é óbvio, e todo o seu círculo social, os vizinhos, Juan e a amiga mexicana, no mínimo. Crianças dessa idade não são discretas (e aos seis e oito anos, é raro que tenham um smartphone).

Concretamente, o benefício material era inexistente, o risco era enorme. Ele não pensou duas vezes. Ou talvez sim. Mas o hábito foi mais forte, a tentação, como tomar mais uma dose, repetir a sensação mais uma vez.

Em certos casos, os psiquiatras falam de um comportamento "ordálico". Simplificando, são condutas de risco, às vezes mortais, como alguns vícios em drogas, nos quais o sujeito se coloca nas mãos do destino, do acaso ou da providência. Há a emoção do perigo, a adrenalina etc., mas, acima de tudo, se consegue sair ileso, se consegue sobreviver, o sujeito sentirá uma grande satisfação por ter escapado da morte ou não ter sido descoberto, e poderá recomeçar tudo de novo. Na linguagem corrente, talvez se diga: "Nem morri". Senti algo semelhante em Ricardo, algo mais do que um simples "brincar com fogo".

*

Comme elle respire: descobri esse filme eloquente de Pierre Salvadori muito depois. Mas ele me deu, definitivamente, a chave para a cena das duas meninas. Marie Trintignant interpreta uma mitômana incurável. Depois de várias tentativas fracassadas de se tratar e parar, pressionada por todos os lados, ela deixa a civilização para se refugiar em um celeiro no meio do mato na Córsega. Com ela vai Guillaume Depardieu, que a ama e a segue em sua fuga

---

* "Comme elle respire" é uma expressão idiomática francesa que pode ser traduzida literalmente como "como ela respira". No entanto, seu significado é mais figurativo, indicando algo que é feito de forma muito natural e espontânea, quase como um reflexo ou um hábito inato. Filme sem versão brasileira. [N.E.]

assim como em suas ficções. Como Beata com Ricardo, provavelmente, seu amante se resigna a aceitar essa parte da amada: ele acredita ou finge acreditar em todas as suas fábulas extravagantes. Adivinhamos então que eles vão desfrutar de dias felizes na Córsega. Mas não se passam nem dois dias nesse paraíso antes que a jovem mulher, uma bela manhã, desça até a estrada, faça sinal para o primeiro carro que aparece e entre no carro de um motorista surpreso a quem ela conta uma história melodramática e mirabolante. O homem ouve com atenção, fica atordoado. Ela respira fundo. Ela se sente viva. O carro desaparece ao longe.

Quase cinco anos depois de conhecer Marianne, a expressão "mentir como quem respira" finalmente se torna realidade diante dos meus olhos. Inventar vidas perfeitas com detalhes impecáveis havia se tornado, para Ricardo, seu oxigênio, uma necessidade vital. Tudo o que ele organizava a seu redor, os encontros, as mulheres, o dinheiro, a manipulação perversa, destinava-se a permitir que ele respirasse aquelas baforadas de prazer, tão viciantes, tão essenciais quanto o ar que respiramos. Seus interlocutores eram intercambiáveis, e suas companheiras tão diferentes porque não tinham importância. Elas podiam ser brancas, magras, altas ou baixas, se identificar como homem, mulher, cis ou trans, não importava, desde que ele pudesse mentir. Para além de lhe oferecerem oportunidades de recuperar o fôlego, os outros o deixavam indiferente, mal existiam. Como o personagem Malotru da série *Le Bureau des Légendes* [O Escritório das Lendas], o que Ricardo mais amava era "sentir seu coração bater a toda velocidade, ouvi-lo martelar dentro de seus ouvidos e não deixar nada transparecer, ocultar tudo, por dentro e por fora".

Restava a questão de saber o que havia por trás ou no fundo desse homem, naquilo que chamamos de interioridade. Havia apenas vazio, caos, um ser shakespeariano sem forma ou contornos, mas cheio de palavras? Para falar a verdade, sempre me perguntei o que se entende por "vida interior" e nunca entendi direito o que significava ter "uma vida interior rica". Eu imaginava que significasse ter pensamentos, emoções, sensações inexprimíveis, complexas, "profundas". E que a vida interior seria rica se houvesse muito disso tudo. Mas arriscando parecer ignorante ou louca (o que ainda é possível), nada disso combina com minha experiência: não tenho a impressão de ter uma vida interior, pensamentos escondidos em algum lugar, aninhados sabe-se lá onde, com existência própria, acessível apenas pela introspecção, pela meditação ou sei lá o quê. E apostei que essa noção também não se aplicava ao caso de Ricardo. Ele colocava tudo para fora. Ele agia, falava, inventava, criava, manipulava, e era observando seu comportamento ou a maneira como ele reagia, observando o ar que respirava, que eu poderia acessar o que ele era e até o que sentia, sem necessidade de vasculhar uma interioridade misteriosa. E era deixando-o mentir, incentivando-o a agir, a correr, por exemplo, que eu esperava ter a palavra final.

*

Por ocasião de outra pergunta, Ricardo mencionou como havia chegado à Europa. A história estava pronta. Ele havia crescido na cidade de São Paulo. Depois do serviço militar, tinha concluído os estudos na universidade e voltado para o exército, que na época estava recrutando jovens graduados. *Sendo sincero*, os salários eram bons e, na época, havia muito desemprego no Brasil. Não dava para recusar. Ele ficou no exército por dez anos e participou de várias missões das Nações Unidas, inclusive uma no Haiti. Lá, conheceu soldados franceses que, como ele, estavam chegando ao fim de seus contratos. Um deles o convidou a ir para a França, começar uma nova vida nesse país. E assim, mais uma vez por acaso, ele chegou a Paris, encontrou trabalho, conheceu a esposa polonesa e a seguiu até ali.

*

Depois que a entrevista acabou, planejamos ir a um parque para fazer algumas imagens dele correndo, como tínhamos feito no dia anterior com Juan. No carro, embora eu quisesse evitar a todo custo não me envolver em uma conversa casual perigosa, acabei sentando ao lado dele no banco de trás. Acho que nunca me senti tão desconfortável. E, claro, ele quis saber em que bairro de Cracóvia eu morava, de que país eram os outros participantes de nosso projeto e outras perguntas muito embaraçosas. Murmurei algumas explicações inaudíveis e mudei de assunto perguntando o que ele tinha achado da entrevista. Ele admitiu que tinha gostado muito e que estava se apaixonando por nós, *I am falling in love with you guys*. E então ele quis fazer uma piada e acrescentou que tinha acabado de perder a virgindade. *I've lost my virginity with you guys*, perdi minha virgindade com vocês. Suponho que ele quisesse dizer que era sua primeira vez diante de uma câmera. Mas essas duas frases estranhas, que ele soltou assim, sem que ninguém lhe perguntasse nada, não estavam apenas destinadas a nos seduzir ou nos amolecer. Elas confirmavam minha hipótese de que havia certo prazer envolvido na mentira, que de certa forma ele tinha acabado de ter uma relação sexual.

No parque, ele vestiu um agasalho vermelho, arrumou o cabelo com cuidado diante do vidro do carro, colocou luvas pretas para se proteger do frio e começou a correr.

"Existem corredores que parecem voar, outros que parecem dançar, outros que parecem desfilar, alguns parecem avançar como se estivessem sentados em suas pernas. Alguns só parecem estar indo o mais rápido possível para onde estão sendo chamados", explica um grande amante da corrida, Jean Echenoz, no livro intitulado *Correr*. Ricardo não era nada disso. Ele tinha passos pesados, corria com passadas curtas, o tronco inclinado e os braços tensos. Seus pés batiam no chão e pareciam receber todo o peso de seu corpo. Ele logo ficou ofegante e suado. Nós o seguíamos de carro e ele dizia *não tão rápido, não estou conseguindo encontrar meu ritmo, não estou conseguindo ouvir meus passos*.

Confortavelmente instalada em meu assento, eu comia biscoitos. *Fake* por minha vez, eu avaliava a linha tênue que separa a vítima do algoz, vislumbrava essa inversão de papéis que infelizmente acontece com tanta frequência. Eu pensava que por muito pouco as mulheres de Ricardo e eu poderíamos recuperar o controle da situação e passar para o lado oposto da equação.

Enquanto ele continuava correndo, cada vez mais cansado, vermelho, suado, eu pensava em Marianne e seu filho, em Kasia e seu projeto de vida, em Regina, que me confiara seu projeto de vingança, em Nélida e sua juventude perdida, em Carolina, que não conseguia lidar com todas aquelas mentiras. De vez em quando, Ricardo perguntava se faltava muito. *Quase pronto*. Ainda precisávamos de mais algumas imagens. Ele já não estava sorrindo. Em certo momento, eu lhe ofereci um biscoito pela janela, ele o pegou sem dizer uma palavra e continuou a correr, desajeitado e pesado.

Não sou juíza nem policial, aquela corrida sem fôlego era tudo o que eu tinha, então decidi aproveitar. No fundo, dediquei-a àquelas mulheres e a todas as que escolheram rir, rir de tudo, como na canção. Olhei para minha colega dentro do carro e nós duas concordamos que, daquele jeito, o mataríamos. Então caímos na gargalhada, como garotas que só têm o riso para se defender, vingança dos fracos, arma dos pobres.

Corra, Rico, corra!

Agradecimentos

Este livro jamais teria existido sem a preciosa ajuda, o inestimável trabalho e a generosidade de um grande número de pessoas a quem desejo agradecer vivamente, mesmo correndo o risco de transformar estas páginas em uma lista de amigos, colegas e conhecidos. No fundo, eles fazem parte do que tenho de mais valioso.

Em primeiro lugar, quero expressar minha profunda gratidão a Juliette Joste pela confiança e pela amizade que demonstrou ao me propor escrever este livro, seu apoio constante e sua inteligência tanto em nossas relações quanto na elaboração deste texto.

Eu nunca teria me interessado por essa história sem Martine Thomas-Bourgneuf, que me falou dela pela primeira vez, nunca deixou de me encorajar com sua exigência intelectual e o afeto que a caracteriza. Agradeço-lhe calorosamente.

Escrevi uma versão preliminar deste texto como um projeto de filme. Devo muito a Adila Bennedjaï-Zou, que o revisou, destacou as melhores ideias e corrigiu sem piedade meus erros. Agradeço sua disponibilidade, sua perspicácia e seu talento narrativo.

As pesquisas que se seguiram não teriam chegado a bom termo sem a ajuda amigável e profissional de meus colegas do programa "Les Pieds sur terre" na France Culture, das investigadoras polonesas e brasileiras, especialmente Anna Pamula e Anne-Laure Desarnauts, e das equipes que me acompanharam nesses dois países e na França, de Elisabeth Perez, Alexis Genauzeau e Beata Rzeźniczek, Eric Lagesse e Roxane Arnold. Recebam todos meus sinceros agradecimentos.

Passei algumas semanas muito estimulantes na fantástica Fundação Jan-Michalski, em Montricher, trabalhando neste livro. Minha gratidão vai para sua formidável equipe, especialmente Chantal Buffet, Charlotte Chevrier-Dana, Natalia Granero, Aurélie Baudrier e Vera Michalski-Hoffmann.

Xavier de La Porte, Sandrine Gulbenkian, Marie Desplechin, Joseph Confavreux e Christophe Bataille tiveram a imensa gentileza e paciência de revisar este texto em diferentes estágios. Todos os seus comentários, sugestões e ideias brilhantes foram infinitamente valiosos. Devo-lhes agradecimentos muito especiais.

Importunei, para não dizer assediei, muitas pessoas em diversos estágios de minhas pesquisas. Pelo rigor, pelo encorajamento e pela gentileza, agradeço a Fabrice Rozié, Danielle Zimmerman, Stéphane Lemaire, Sybille Friedel, Daphné Juster, Marysette Moisset, Laurent Merlet, Lola Simavonian, Pablo Voltaro, Daniel Zagury, Gilles Drouault, Paul Kronlund-Drouault, Stéphanie Boudjema, Sandra Kogut, Jonathan Nossiter, Juliette Simont, Lise Wajeman, Sacha Zilberfarb, Olga Vincent, Denis Darzacq, Francois Escaig, Suzanne Escaig, Fabien Le Roux, Alexis Ferroyer, Liana Valken, Weiyang Lee e Delphine Saltel.

As mulheres, que superaram sua reserva ou sua vergonha e confiaram em mim merecem obviamente o lugar mais importante desta lista. Elas se reconhecerão e sabem a enorme dívida que tenho para com elas e a responsabilidade que assumo em relação a seus filhos. Os agradecimentos que lhes dirijo também são um pedido de desculpas, caso alguma vez eu as tenha pressionado de maneira inconveniente.

Este livro foi composto com tipografia Adobe Garamond e
impresso em papel Off-White 80 g/m² na Formato Artes Gráficas.